민멋들

민낯들

SPRING 野

更具体地生长

All This Wild Hope

回避正是漠不关心的催化剂。

比起"怪人","屈从"更像污名，
更令我恐惧。

민낯들

是我的错吗?

오찬호

直击韩国 12 起恶性社会事件

[韩] 吴赞镐　著

玉鳍　译

广西师范大学出版社

·桂林·

图书在版编目（CIP）数据

是我的错吗？直击韩国12起恶性社会事件/（韩）吴赞镐著；玉鳍译.——桂林：广西师范大学出版社，2024.4

ISBN 978-7-5598-6303-4

Ⅰ.①是… Ⅱ.①吴… ②玉… Ⅲ.①社会问题 – 韩国 – 通俗读物 Ⅳ.①D731.268-49

中国国家版本馆CIP数据核字（2023）第155722号

著作权合同登记号桂图登字：20-2023-076 号

SHIWODECUOMA　ZHIJI HANGUO SHIERQI EXING SHEHUISHIJIAN
是我的错吗？直击韩国12起恶性社会事件

作　　者：（韩）吴赞镐
译　　者：玉　鳍
责任编辑：彭　琳
特约编辑：徐子淇　徐　露
装帧设计：汐　和 at compus studio
内文制作：陆　靓

广西师范大学出版社出版发行

　广西桂林市五里店路9号　　邮政编码：541004

　　网址：www.bbtpress.com

出版人：黄轩庄

全国新华书店经销

发行热线：010-64284815

北京华联印刷有限公司印刷

开本：787mm×1092mm　1/32

印张：8　　　　　字数：130千

2024年4月第1版　　2024年4月第1次印刷

ISBN 978-7-5598-6303-4

定价：52.00元

如发现印装质量问题，影响阅读，请与出版社发行部门联系调换。

目录

序言

那些移开目光的人

　　一颗大小堪比珠穆朗玛峰的彗星正朝地球飞来，科学家们为了通知总统这一灾难性消息费尽周折。但换届选举在即，那些急于统计选票的政客抱着观望的态度安然反问道："那又怎样？即使真的撞上地球，也不过是场海啸吧？"科学家们则愤怒地喊道："人类就要灭亡了！"

　　这是电影《不要抬头》(*Don't Look Up*，2021)中的情节。该电影不仅讽刺了无能政客，还抨击了对全人类将在 6 个月后灭亡的事实视而不见的无良媒体。地球即将毁灭，却没有人关心，那些为真相孤军奋战的人成了网上的笑柄。相信科学的人苦苦劝道："拜托抬头看看吧！(Look up！)"另一些人却认为，这些抱怨的人已被恐惧俘虏，才会触发没必要的担忧，并劝大家"不要抬头"(Don't Look Up！)。最终，人们决定发射核弹改变彗星轨道。然而，企业家们还贪图彗星上的贵金属资源，试图阻挠这个方案，结果导致整个计划陷入困境。正如电影海报上的宣传语"这是可能真实发生的事"，这部电影是对总是试图逃避现实的人类的巨大讽刺。每逢气候危机等全人类问题被重新摆上台面时，这部电影总会被人想起。

问题出现了征兆，却没人能明确给出解决问题的方向，这意味着社会的倒退。就像电影中的科学家发出"彗星正在靠近地球，地球将要毁灭"的预警，这个世界也在不断发出令人担忧的信号——校园暴力受害者、被成绩裹挟的考生、因房价感到沮丧的青年、因职业履历中断患上抑郁症的女性、为"像个男子汉样"而疲惫的男性、无法拒绝危险工作环境的劳动者、因外貌遭到歧视的人，以及因与众不同的性别认知被他人憎恶的人……他们不断高声抗议着，虽然他们呼喊的是属于自己的苦难，但只有社会做出改变，个人的痛苦才会消失。如果这些"个人问题"继续被掩盖，处于问题中的人就很容易做出极端选择。韩国成为自杀率世界排名第一的国家，也是有原因的。

每每遇到需要正视的问题，却偏把目光移向别处。一旦问题被指出，又抱怨"难道只有这件事重要吗""为什么你只说负面的话""难道不能谈些积极的话题吗"。同时，"希望"这个词早已被异化。现在只有克服绝望、闷头往前冲的人，才有资格谈希望。于是许多人漫无目的，只知道要拼命向前。其实他们仍然在逃避，只是借此在自己的绝望上盖了一层遮羞布。一旦有风吹来，绝望就会再次翻到明面上。频繁地经历相同的绝望，会消磨人的感知能力。最终，即便遗憾，也只能留有遗憾；虽会责怪社会，也只是止步于此。若想将这份遗憾和责怪转化为更有意义的讨论，每次尝试只会让他们感到陌生。于是，他们再次闭上眼，世界自然不会发生任何改变。陌生带来的不适在人们心中无限反复，人心就是这样变粗糙的。起初人们还会因没能为某件事发声而抱歉，而现在渐渐学会理直气壮地挖苦："真麻烦！""只有你辛苦吗？""有什么好大惊小怪的？"习惯性地嘲讽别人活该。

如今韩国社会的情况，与电影《不要抬头》正相反。应该仔细观察这片大地正发生什么的时候，人们却不肯低下头看看。他们的视线似乎被固定在了天上，如果地上的问题会侵扰空中的宁静与和谐，即使大地已开始震动，他们也会将问题掩盖。在这个把憎恶包装成言论自由的社会里，大家一边呼吁要保障残障人士的出行权，一边又对着在地铁站游行的残障人士喊出"上班时间不要妨碍别人"的话，贴出"为什么要在我家旁边开残障人士特殊教育学校"的横幅。这些人的存在并不让我感到意外。应该关注"没有希望的此处"时，他们只看向"回避绝望的彼处"，自然会出现这种结果。与地上明显存在的歧视、憎恶、不平等和不信任相比，人们更喜欢关注在空中飘扬着的"自我开发""激励机制""正能量""治愈"和"经济自由人"等标语。仰望天空并没有错，可如果"只"看天空的人越来越多，社会将会变成什么样呢？

人们强调言论自由，也时刻对其保持警惕。言论自由的多样性能打破偏见，使认知和评价标准发生变化，这些标准之外的碎片"联合"起来，成为抵抗暴力的盾牌，也成为韩国民主社会的基础。但在有些人的眼里，"无视多样性"也是多样性的一种。例如，他们声称传统家庭模式的改变会导致人类灭亡。当性少数者站出来表明立场时，他们又开始强调自己有权厌恶破坏秩序之人，而这种厌恶的权利是不可侵犯的。在饱受忽视的"零片"好不容易挤进名为社会共同体的大拼图后，他们也不会收敛憎恶的情绪，反而会质疑接纳的必要性，但毫无根据的"歧视无罪论"真能算作多样性的一种吗？不就是在假借多样性主张所谓"我们要自由地憎恶"吗？

正是为了让每个人都能有尊严地活着，让更多人变得更幸福，人们才会提出质疑、不断寻找答案。问题的根源在于人类尊严得不到保护，以及"韩国社会就这样，我们无能为力"的态度引发的怪象中。本书第一部分中，讲述了歌手崔雪莉、运动员崔淑贤、工人金容钧、边熙秀下士、加湿器杀菌剂受害者们，以及城北区母女四人的故事，揭露了韩国社会的真面目；第二部分中，通过"N号房"性犯罪视频的制作及传播、"世越"号沉没惨案、前总统朴槿惠弹劾案期间韩国民众的烛火示威、"曹国事件"、堕胎罪的废止之争，以及新冠疫情引发的整个韩国社会的自我审视，讨论了缺乏正常质疑的社会将会出现什么问题，以及为什么应在事件发生之前提出质疑。虽然这十二起事件都是近年引发整个韩国社会激烈争论的代表案例，但仔细回溯就会发现，其实过去也出现过很多相似事件。然而，人们在事件发生时只顾着震惊，忘记了质疑。

本书包含 2020 年我在《高校读书讲评》上连载的所有文章，内容增加一倍，和重写没什么两样。考虑到各年龄层对单行本的接受度，很多话没能说出来，也遇到了一些麻烦。连载期间也收到了很多人的抗议，他们粗暴地声称这些内容"不适合拿来教育孩子"。如果我说自己一点也没迎合读者，那是在说谎，但我必须将这本书的内容传达给读者。抱着这种觉悟，我提起了笔，因为我再也不想继续给各种各样的想法都冠以"正确"之名了。我也希望通过自己的努力减少世界上的歧视和仇恨，本书正是在这个前提下完成的。

我们不能再掩盖绝望了。在该看向这里的时候，就该看向这里。如果问题出在"这里"，就应该"从这里开始"。

吴赞镐

2022 年 4 月于济州

第一部分　省略号

即使死去，也无能为力

判定"我讨厌他"只需一瞬，发出恶意评论只需 5 秒，但被评论的人会用 5 小时，乃至 5 天的时间去回想。我会对每一条评论上心，哪怕知道这毫无意义。[1]

——金南俊（艺名 RM）

"防弹少年团"队长

第一张面孔
即使心被撕裂

—当语言变成利刃，已故崔真理—

不公正的矛与盾

多年来，坚持用写作批判刻板印象的我，经常直接或间接面对"为什么这算刻板印象"的质疑。如果这种"攻击性"提问出现在温馨的读者见面会上，气氛就会瞬间变得微妙起来。大家会用眼神指责提问者："能不能看看场合？干吗为难作家老师？"

虽然这种"指责"出于善意，但我并不觉得被冒犯。大家有提问的权利，我也有倾听并说服大家的义务。用权利和义务来表达可能不太准确，不过，只有作者尽力写出合乎逻辑的文章，读者又不惧于提出自己的疑问，才能形成良性的舆论循环体系，让各种想法随时登场，不断更新，交织在一起，经过有效的折中和协调，最终成为人们的常识——这个展望虽然宏大，但实现的前提其实非常简单——即使观点针锋相对，也必须尊重对方，在这个规则下，展开文明的思想攻守战。这该是市民社会的默认公约，虽然人们对市民精神的定义不同，但只要认同"人生而具有尊严"，就该随时警惕，不可越界。

尽管如此，也不是所有人都能得到应有的尊重。在有关难民或外籍务工人员的报道下，评论区的内容往往令人不快；看向罢工工人的视线，也不都是友善的——人们往往只接收自己认同的信息，忽略不符合自己看法的信息，这就是偏见之下的"确认偏误"[1]。深陷确认偏误的人，会形成集体思维，认为张口肆意攻击和抹杀对方的人格是无所谓的，哪怕自己的行为已然超出道德底线。而且这种集体思维还会吸引更多人盲从，偏见就这样成了真正可以杀人的长矛。

一个醉酒的穷人，走路东倒西歪，人们看了会想"他穷就是因为太懒惰了"。"人穷一定有原因"的固有观念让人们的理解具有倾向性。但人们不会轻易说所有醉酒的人都懒惰，只有当"穷人"成为被指责的对象时，人们才会毫不犹豫地归因在懒惰上，这并不公平；而随意给贫穷归因，更是偏见。穷人不一定就会因痛苦酗酒，或因酗酒而痛苦。

被一时无知带来的偏见蒙蔽，也没什么大不了，在深入社会的过程中，总会有纠正错误的机会。人人都有局限性，只要走出自己的小圈子，接触不同的人和事，

1　确认偏误（confirmation bias），指个人选择性地回忆，搜集有利细节支持自己已有想法，而忽略不利或矛盾的讯息。

是我的错吗?

就能拓宽自己的视野。我们常常为年少时的想法和看法羞愧，正是因为我们成长至今，获得了比彼时更广阔的视野。因此，社会各阶层之间的积极沟通才很有必要，否则偏见就会被一代代保留下来，成为无端攻击他人的借口。

假如某人的父母都是医生，他考上了首尔大学，和他同届的学生父母从事的也都是医生、律师、企业高管之类的职业，他们在以"鸡娃"著称的特定地区长大，从小接受规划好的私立教育，常去海外旅行……无论他们怎么讨论，都难以在封闭环境中了解视野之外的情况。这些人生轨迹相似的人聚在一起，交流得越多，固有的偏见反而越根深蒂固。

在如今的韩国，想要成功就必须像挖井一样，认准一点拼命挖。但随着时间推移，"挖井人"挖出的却是越来越高的围墙，把自己困在里面，愈发难以用正确的目光看待外部世界。精英群体可以做出影响大多数人的决策，如果其视野一直受限，会带来什么后果呢？前文提到的医生家族只是一个例子，此种长期坚持相同思想的精英群体，越抱团就越危险。他们手中的矛并不是公正的，只是他们对自己的公正性深信不疑，完全不在意被刺伤的人。不仅仅是精英群体，那些由谋求共同点形成的各类团体更常用自负武装自己。

如果盾足够坚固，就可以阻断狭隘与独断的蔓延，不公正的矛便无法造成伤害。为揭发权力交易真相孤军奋战的记者，从不拒绝向弱者伸出援手的政治家，为揭露不平等的真面目顶着骂名坚持写作的作家，不以佣金多寡论法的法律工作者，不畏恶劣环境持续抗议社会不公的活动家……这些人认为"问题都在眼前了，总不能视而不见"。越多人关注，盾就越强大、越坚固，得到保护的人就越多。这也是需要重视人文科学，坚持用批判眼光看待社会的原因。

但是，有些行为并不会引起人们的关注——网络上有人无端恶语相向、攻击他人时，目击者通常认为自己的关注无济于事，然后扭过头去。网络世界庞大如斯，某些暴力很难引起社会的关注，更难直接肃清或制裁。这些在长矛上涂毒的人会找到目标——那些手持最薄的盾牌、脆弱且好下手的人，他们会相互分享坐标，对其进行地毯式轰炸，且不会有丝毫愧疚。在他们的道德观中，他们才是"正义"。

娱乐新闻下的评论为什么消失了？

网络舆论暴力已经存在很久了，虽然韩国曾于2006年开始实施网络实名制，以对抗匿名之下的肆无忌惮，但该政策又于2012年被判定违宪，有矫枉过正之嫌，会抹杀网络存在的意义。然而，仍有艺人在遭受恶意评论的折磨，甚至做出极端选择，悲剧不断重演。因此，2019 年 10 月 31 日起，网站 Daum[1] 删除了娱乐新闻版块的评论功能，直接关闭躲在匿名背后肆意嘲笑的人口；同年 12 月 23 日起，人物关键词搜索功能也被删除了。因为评论无关真假，都会被截图并传播开来，人们看到截图，好奇地搜索，输入某艺人的名字时，暴力、出轨、××录像等关联词会自动出现。取消关键词搜索，正是为了阻断不断扩大的恶性循环，即使效果微弱，也是值得的，且得到了不错的反响。现在体育新闻下也不能发评论了。毕竟借助算法或其他媒介，以互联网文明的名义激发大众的错误好奇心，实在没必要。那些跟风骂人的人，也不会直接影响收到随机推送的用户，而这些用户才是浏览新闻的主要群体；知名人士在搜索和自己相关的新闻时，受到的打击也会减少。如果想实现观点表达自由，就应该——不，就可以在自己的博客或社交媒体账号上进行。凡事带上"应该"二字，听上去总有些遗憾。

2020 年 3 月 19 日起，韩国最大的门户网站 Naver[2]

---

1 韩国最大的门户网站之一，以邮件和社区功能为中心，设有通讯、商务及娱乐新闻等多种版块。
2 相当于中国的百度，以搜索引擎为中心，提供博客、新闻、体育、演艺、购物等多种服务。

也改变了新闻版块评论的运营方式，例如显示评论用户昵称全名，并公开其至今为止发布的所有评论，让发表与新闻内容无关、仅为发泄憎恶的恶性评论的网民为自己的发言负责。接下来的两周内，Naver新闻版块下的恶性评论平均每天减少至1000条左右，与两周前的平均每天3400条相比大幅减少。虽然仍需要冷静观察该措施的长远可行性，但无论如何，至少它在限制贬低人类尊严的低级行为上效果显著。我们走到这一步已经花费很多时间，未来仍有很长的路要走。

然而，每每有艺人用死亡来证明恶评的副作用时，又有很多肆意恶评者对此表现出漠然。2019年，歌手雪莉死亡的消息传出后，众多国外媒体也接连进行了报道。美国流行音乐媒体《公告牌》（Billboard）以"韩国流行音乐明星，尤其是女明星，如果想自由表达自己的观点，就必须承担被指责的风险"[2]为题，英国某媒体以"还要有多少知名人士死去，人们才会认真对待恶意评论"为题，分别发表了评论……但在这些报道下，令人咋舌的评论仍然存在，比如"明明赚那么多钱，真是什么稀奇的苦恼都有"，"这点小事都没法承受，还当什么艺人"，等等。

目前韩国的网络评论生态，并没有起到客观的监督作用，这就是各大网站评论功能消失的原因。即使那些比韩国更注重言论自由的国家，也对新闻评论功能设置了非常严格的限制。例如，美国《纽约时报》只对全部新闻的 10% 开放评论功能，且仅在报道刊登后 24 小时内有效。而美国有线电视新闻网（CNN）、《芝加哥太阳报》、美国全国公共广播电台（NPR）、英国广播公司（BBC）、路透社等媒体则根本没有设置评论功能，郁闷的人们只能去"读者意见"公告板上留下自己的意见。虽然英国《卫报》原本设置了毫无限制的留言栏，但由于大多数留言都是针对女性和黑人的恶意发泄，所以在移民、人种、伊斯兰教等敏感主题的报道下，他们会选择性地删除留言。在评论区里，完全看不到言论自由的必要，评论越自由，歧视就越多，这样的社会如何让我们自豪呢？

言论自由之所以被允许，是因为在形成良好舆论循环体系的过程中，需要多样性的意见。一个良好的社会需要多种意见的表达，正如英国哲学家约翰·斯图尔特·密尔（John Stuart Mill）在《论自由》中所说："如果它是错误的，那么人们便损失了几乎同样大的益处，因为经过真理与谬误的碰撞，会让人们对真理有更清晰的体会、更生动的印象。"[1]如果所有人的思想都相同，这样的社会也势必不能长久，让各种意见发酵并完善的讨论机会越丰富，社会成员之间的协调和互动就越生动，就像那句著名的"我不同意你的观点，但我誓死捍卫你

1　译文据许宝骙译本，商务印书馆 2005 年版。

说话的权利"。（这句话并非出自伏尔泰，而是英国作家伊夫林·比阿特丽斯·霍尔在自己的著作中对伏尔泰思想的概括性表达。）

但客观有效的讨论有一个重要的前提，就是必须面对面进行交谈。就像在有关"尖子班"和"普通班"的辩论中，如果有人说出"为了这些'劣等'的人，其他人会遭受损失"或"为什么要在意这些早晚会被淘汰的人"这种话，主持人都会认为这是严重的人身攻击，并进行警告。然而，互联网却允许人们发表比这更低劣、浅薄、轻浮、下流的言论，人们的表达越来越不受控制，因为这么说不会有任何后果。通过罗列不堪的言辞，扩散伪造照片，他们轻率地塑造着人类形象，让妄想和错觉泛滥成灾。如果有人表达自己的不适并发出抗议，只会遭到他们诸如"打拳""掉书袋"的嘲弄。在网络空间，表达意见彻底成了一种空洞的说辞。

虽然有些案件之恶劣，的确会让人忍不住骂脏话，但这些攻击性的表达其实毫无正面作用。就像在公开罪犯身份的新闻报道下，通常满是指责罪犯的言论。它们也许会给受害者带来些许慰藉，也可能将一个恶性事件推向"公愤"中。虽然仅高喊严惩罪犯看上去很没常识，但如果对量刑标准的漏洞提出疑虑，也会对社会效能起到积极作用。不过，整件事会就此结束吗？人们不会停下来，看见犯人的脸说一看就是变态，看见犯人的身材说像猪，仅凭罪犯毕业的大学就感慨地方大学就是不行……这仍是把平时的偏见投射到罪犯身上而已。

我常常强调，言论自由是"弱者对强者的自由"。弱者利用各种方式表达他们的不满，不仅能揭示结构性歧视的不合理，还可以减少社会对弱者的偏见。例如，美国的黑人喜剧演员会以白人为素材表达种族歧视的不当之处。但如果白人仍常常以黑人为笑柄，并认为这没什么大不了的话，种族歧视只会越来越严重。

2019 年的资料显示，韩国新闻门户网站平均每天上传 86 万条评论，全年共发生 19388 起网络诽谤及侮辱类犯罪，比 2014 年的 8880 起增加了两倍以上。由于只有受害人本人申报，案件才能受理，且不排除受害人没能申报的情况，所以实际数量可能更多。如果评论功能带来的是正面影响，就没有必要废除，但评论带来的弊端已经远超能够忽视的程度。在人们笑嘻嘻地写评论、点击发送时，可能有人正慢慢死去。

已故崔真理[1]（1994. 3. 29 — 2019. 10. 14）

"虽然作为歌手的雪莉外表看上去很开朗，但身为人的崔真理内心是黑暗的。"

---

1 韩国歌手，演员，艺名雪莉（설리）。

在结束自己的 25 岁生命之前，雪莉曾在一档节目中如是说。当时，由于恶评和谣言，雪莉的演艺活动暂时中断，她作为主持人参演了一档名为《恶评之夜》的脱口秀节目。在节目中，她坦言自己虽然想积极面对生活，但内里已经走向崩溃，这句话也许正是她难以自我保护、自我坚持的信号。

每当雪莉在社交媒体上发布照片时，就有很多人隐藏在"网友"的模糊身份下发表恶意评论，诸如"她是为了引起别人的注意吗"，并要求雪莉解释每张照片的含义。虽然雪莉觉得这种言语上的挑衅和指责很肮脏，没有回应，但网民们依旧不知悔改。渐渐地，雪莉只是日常上传照片也成了"离奇行为"，附上的文字也被解读为"没有内涵的空话"。她没有犯任何错，那些厚颜无耻的人却还在窃窃私语，毫不顾忌地嘲笑她，恶语相向——"她才是所有问题的根源，不是吗？"

雪莉不是问题的根源，那些凝视她的人才是。选择公开恋情，毫不掩饰地表达爱意；因为不戴胸罩，被人们追问"你不戴胸罩很骄傲吗"；堕胎罪被判违宪后，高兴地穿上写有"GIRLS SUPPORTING GIRLS"（女孩支持女孩）标语的 T 恤；在节目中呼吁"称赞也是一种外貌评价，关于外貌，应该只说自己发现的东西"[1]。

---

1 雪莉曾在节目中说："对外貌的评价，到一定程度就可以了，应该只说自己发现的东西。比如'你今天穿了白色外套呢'或'姐姐脸上有酒窝呢'。"

是我的错吗？

雪莉还曾在社交媒体上引用 IBM 前总裁托马斯·沃森（Thomas Watson）的名言："比起'怪人'，'屈从'更像污名，更令我恐惧。"雪莉没有按照网民的要求生活，也没有掩饰自己，更没有对错误的信号做出回应，却成了被苛责和批判的对象。直到现在人们才明白，其实雪莉是不想向"社会对待女性的错误态度"屈服，她一直在为过上堂堂正正的生活而呐喊。有人认为，既然艺人挣那么多钱，被大众骂一骂也无所谓。钱就是盾牌，花钱雇个律师，随时解决问题，惩罚施暴者，不让他们接近。然而，这在网络世界并不易实现，施暴者的数量庞大到难以定位至个人。

雪莉的去世，顺理成章地成了大众视野的焦点。119 急救队出具的"死亡现场报告书"在网络上迅速传播开来。拍照的急救队员严重失德[1]，民众对这份报告近乎荒唐的关注度更让人寒心不已。然而，并不是所有人都能从雪莉的死亡中获得警醒，雪莉的歌手朋友在悼念友人后收到了"你也想炒作吗"的恶意评论。

雪莉的去世，昭示着恶意评论的恐怖。雪莉死亡前一年，韩国新闻媒体总计登载 13396 条与她相关的新闻，其中 1370 条出现了"no bra"的字眼。甚至有媒体像发

---

[1] 到达雪莉死亡现场的京畿道城南市寿井区 119 急救队员拍摄了活动动向报告书，分享给了内部职员，又通过外部 SNS 泄露，上传到知名门户网站。韩国的急救队员属公职人员。韩国的急救电话和火警电话都是 119。

布独家新闻一样在标题上大做文章——"身陷 no bra 争议的雪莉，为什么突然……？"——伴之以超大特写照片。雪莉曾这样回复辱骂自己的评论："有问题的是那些盯着看的人。"她也曾有不被他人的凝视所束缚，一切如常生活的日子。然而，媒体却以"讨厌'视奸'的雪莉，又公开了未穿内衣的近照""虽说穿不穿内衣是个人自由，但又是雪莉，又在社交网络上哗众取宠"为题制造争议，无一不在暗示：恶评都是雪莉自找的。媒体一边高喊着"猎物在这里"，一边刺激鬣狗般的恶评者们。

雪莉的男友曾在某个节目中谈及一些二人间的恋爱故事，比如"女朋友晚上打电话叫自己唱一段 rap"。然而，媒体却将其歪曲成"雪莉的恋人 ×× 声称：傍晚，雪莉曾给我打电话，请求我为她○"。媒体的失德之处，远不止对刺激性素材的追求，还有给平凡的内容强加刺激性标题来吸引读者，想尽办法扩散报道，只为追求点击率上升的快感；出现恶意评论后，还会以"网友表示"为题进行二次报道。或许正因为此，雪莉在 2017 年韩国国内谷歌人物搜索排名中位列第一。她的名气招致媒体的撕咬，她又因为被撕咬而变得更加有名，在这种恶性循环下，25 岁的崔真理倒下了。在她去世后，同样的媒体又开始策划指责恶评导致她离世的报道。多么无耻！仅仅删除评论功能作用有限，因为恶意评论只是结

是我的错吗？

果——只要争相追求刺激性的媒体还存在，这个世界就不会变好。

了解他们的心理并不重要

我曾写过一篇有关憎恶难民的专栏，很快便在那些经常抨击特定宗教、嘲笑难民的论坛上传播开来（韩国真的有很多这样的论坛），收到了数十条评论。除了单纯的"我不喜欢这篇文章的观点"，评论中还充斥着诸如"出卖人权的作家""虚假的进步言论"等表达；我的其他文章，如对韩国房价上涨和对国家强制介入私有住房市场的声讨，也被分享到许多论坛里，引起诸多没房子的人的牢骚和对穷人自我合理化的嘲讽；我呼吁韩国社会关注性别歧视的演讲视频，也在那些嘲笑女性主义者的团体里遭到了声讨。

如果话题的传播能在论坛内结束，这些人并不会对我的生活造成什么影响，但他们绝对不会就此善罢甘休。对不喜欢吴赞镐的人来说，论坛是一个可以让他们确信自己的想法百分百正确的地方。发低俗留言具有"越线"的力量，能让这些人鼓起勇气，直接和吴赞镐对话。偶尔我还会收到一些邮件，内容简单来说就是"充斥着性厌恶的脏话"，由人类创造的最糟糕的单词组合而成，具体细节就请读者自行想象吧。亲眼看到和读到这些话的瞬间，那种心情很难用言语表达。

最近一家媒体在一篇与性平等有关的报道末尾登出了一条警示语，提醒人们如果收到涉及辱骂、威胁等内容的恶性电子邮件，可以通过调查机关追踪发信人，追究其民事和刑事责任。实际上，这种邮件不仅会影响心情，还会影响日常生活。即使经过深思熟虑后报警找到了加害者，得到了解决，可无论内心有多强大，也无法阻止那些残像继续在眼前跳动。犯罪者明明是那个人，唉声叹气的人却是我。写作时，我会对自己写作的意义产生怀疑，在演讲现场也会变得敏感，只要有人看我，我就觉得他讨厌我——他会不会就是那个发邮件的人？他会不会和那个人有类似的想法？仅仅触碰了一下飘浮在网络空间的污秽"脏话团"尚且如此，如果有人再发这种邮件给我，我会不会更加无法承受呢？但在网络空间中，这类脏话团有无数个。如果我说这个小小的经历不会让我的日常生活受到太大影响，那就是在撒谎。虽然也有很多人支持我，但比起 100 个友善的人，我更在意那 1 个怀有恶意的人，甚至会怀疑对我善意微笑的100 个人也只是假装。匿名的力量是巨大的。如果"任何人都不可信"的混乱持续下去，人们就会对所有关系产生怀疑，最终变得孤立无援。为了摆脱这种局面，人们往往会做出更糟糕的选择。

尽管部分新闻报道的评论功能已经被删除了，但这种不痛不痒的制裁并不能使其暴力属性降低。如今不仅艺人和运动员等名人会受到恶意评论者的攻击，那些遭到电视节目的曝光、成为"公众之敌"的普通人的个人社交媒体账号也会成为靶子。网络空间仍是恶意评论者的盾牌，他们只是从新闻报道评论区转移到了更私密的社交媒体平台上，甚至变本加厉了。

我们的社会是否认真对待过这个问题呢？自网络开始出现，网络言语暴力的问题就一直存在，对大部分人来说，这是一个既熟悉又麻烦的主题。因此，人们更多出于最原始的好奇心，想知道究竟是什么样的人在恶意评论，而不是从根本上寻找解决方法，这真的具有积极社会意义吗？我想就算有，也并不多。

有人认为，到处发表恶意评论是无法适应社会的人的代表特征，这些人无非是一些整天缩在房间里、自命不凡的"键盘侠"，因无法得到他人的认可而愤怒，所以才会以非常负面的方式在意想不到的地方释放报复。受到他们伤害的人常常认为不回应就是最简单的方法——"为什么要让这种疯子伤到我？"我也是这样，不知不觉间，我已经习惯性地会将这种邮件移到垃圾箱中。最终，加害者并不知道自己做了什么，也就是说，给加害者定性为无法适应社会的人并不能阻止其加害行为，如果受害者除了逃避别无选择，那么问题根本没有得到解决。

我不太喜欢"净化"这个词，因为它一直以来都是当权者的用语。然而，网络世界确实需要净化，重要的是我们应该"如何"去净化。很多人认为，应该加强素质教育，消除过时的刻板印象、错误的报复心理、"复仇很酷"的错觉，以及强化对痛苦的同理心。但在现在的韩国，能够真正落实的又有多少呢？

　　因此，我们需要换个角度思考，想象一个与现在不同的社会。例如，人们是否有可能不再像现在那样充满攻击性地生活呢？我们可以从缩小收入差距开始，缓解就业竞争、减轻应试教育压力、推广全面素质教育，这些改变能引发连锁反应。入学考试和就业压力是人们面临的重要问题，就该明确地解决这个问题，而不是一直抽象又有所保留地普及人权知识。如此一来，过激和无礼的言行会逐渐消失，也会有越来越多的媒体对自己发布的刺激性新闻感到羞愧。只有在这样的背景下，网络世界才能有所改变。但与净化网络空间的进程相比，人类去火星的进程似乎更快，不禁让人感到前路黯淡。

故事仍未结束，
逐渐升级的"恶意评论杀人"

　　最近，"赛博拖车"一词在韩国网络流行开来。发生交通事故后，拖车会无视信号灯，闪电般到达现场并

是我的错吗？

将事故车辆拉走；而"赛博拖车"则是指量产有关热门话题的视频，以提高点击率为目的的网络博主（这一比喻可能冒犯到道路清障救援相关从业者）。这些视频的主角通常是艺人和运动员等名人，因为他们是最容易引起公众关注的热门人物，而其中大部分内容都是虚假的，只是一些小道消息。然而，在网络世界，内容不论真假，越刺激越容易传播。随着传播速度的加快，受害者遭受的痛苦也会越来越重，就像 2022 年初，YouTube 博主 Jam（网名 BJ 잼미，原名赵蔷薇）因被怀疑有"厌男"行为，被指责为"厌男者"，受到各路谣言侵扰，痛苦不堪，最终做出极端选择。

我是看了新闻才知道这位博主，以及"赛博拖车"们低劣的谣言导致了她死亡的事实。在此之前，我甚至不知道"赛博拖车"这个新造词。虽然知道网络言语暴力的存在，但我并不想更详细地去了解，于是选择了回避。也许我的这种态度就是这个时代的悲伤写照。深知网络世界刺激性内容的流通原理，谣言随处可见，从某个瞬间开始，视而不见反而成了"正确"。然而，这种态度只会让恶意评论者变得越来越猖狂。

韩国人的极端主义经常表现为对"生命"这个词的误用和滥用。[3]

—— 康俊晚

新闻学学者

第二张面孔

即使挨了打

—"打学生的老师才是好老师"[1]，已故崔淑贤—

选手们的捆绑销售？

　　1994 年初，演员张东健主演的《青出于篮》成为热门电影，主题正是当时最受欢迎的篮球运动。故事梗概如下：某高校的篮球选手 A 和 B 在一场赛事里带队夺冠。如果 A 和 B 以自己入校作为升学条件，就可以让实力不如他们的 C 也升入同一所大学。然而，A 中途改变主意，选择升入另一所大学。B 虽然仍可以按计划入学，但学校宣称如果没有 A，C 就很难进入这所学校。因对 C 心怀愧疚，B 放弃了升学。他们都因 A 的决定遭到重大打击，每天借酒消愁。在这种状况下，C 因交通事故而不幸去世。后来 B 刻苦学习，好不容易考上了大学。因在体育大会上偶然展现了自己的篮球实力，他被大学的篮球队选中。为了在大学间的比赛中赢过 A，B

1　在电影《4 等》（2015）中，游泳教练光洙（朴解浚饰）告诉初中生俊浩（刘宰尚饰）："会揍人的老师才是真正的老师，这是我的经验之谈。"

剃光头发，咬着牙专心训练，最终获胜。B 后来才得知，A 是因为母亲的住院费才不得已改变主意。电影的最后，两人和解了。虽然有人批评这部电影过于俗套，但我认为，它淋漓尽致地展示了韩国体育界的两大宿疾。

首先是奇怪的升学模式，其核心是让优秀的选手对其队友的人生负责。为了吸引优秀的选手，高中和大学都会提出一个方案：任意一名王牌选手都可以选择几名同队其他选手一起入学。校方还一度宣称："一起上大学不是很好吗？得到更优秀的人的帮助，难道是错的吗？"

然而，事实并非如此简单。为了抓住这个机会，其他选手会不惜赌上一切。提供幸运门票的王牌选手和教练将获得让其他选手感到恐惧的权利——"得罪这些人就完蛋了"。哪怕给他们留下一点不好的印象，或让他们感到一点不舒服，自己都会被排除在外。因此必须忍受，无论是遭受了暴力，看到了暴力还是听说了暴力，都必须将真相全部掩盖起来。

在运动员的小世界里，暴力已经是日常生活的一部分。当王牌选手是恶性事件的主导者时，受害者更不敢采取任何行动。因为一旦王牌出了问题，自己的人生也会受到影响。受害者不得不一直忍耐，加害者则会更肆无忌惮，打人和挨打不是个别人之间的冲突，俨然成为选手训练和生活的一部分。

是我的错吗？

长久以来，运动员之间"捆绑销售"的惯例已经成为一种建立在金钱交易之上的入学舞弊。优秀运动员的父母甚至能从大学那里收钱，实力一般的选手的父母则一边给教练塞钱，一边哭着求教练为自己牵线。在这种情况下结成的"同盟"关系，有时会成为选手一生的枷锁。虽然自20世纪90年代末起，这种惯例被正式禁止，但现今仍时有出现。网络搜索"选手捆绑销售"的关键词仍会发现，体育界的入学考试舞弊案例中，只要双方口径一致，舞弊就不会被发现。尽管听说与过去相比，体育界的封闭性和日常暴力都有所减少，但这一结构性问题仍然存在。

　　为什么受害者只能暗暗忍受呢？运动员这个职业真的如此重要吗？实际上，如果放弃运动生涯，他们将会面临更加残酷的现实——没有其他道路可供选择。电影《青出于篮》就生动地展示了这一现实：放弃运动生涯寻找其他出路的C因为无法忍受不上不下的状态，整天酗酒，最终离开了这个世界；B则为了通过大学的入学考试，必须从最基础的部分开始重新学习，孤军奋战。

　　对于运动员来说，放弃职业生涯就意味着一切清零。不安感支撑着他们在茫茫大海中不断挣扎，这种不安的一端是模糊不清的未来，另一端是模糊不清的现在。他们保持沉默，因为他们不知道将如何生存下去；在这个狭小的圈子里，如果被传出他们是内部举报者，他们将来甚至连指导教练都没机会做。

有些人可能认为，既然进了学校的运动部，把精力放在运动上是理所当然的。在 20 世纪 90 年代，和我同校的运动部同学甚至在拿到试卷之前就可以随意勾选答案，然后离开考场。当时人们普遍认为学习和运动不能并行，正是这种极端认知催生了暴力，成了掩盖暴力的罪魁祸首。然而，如果放眼世界，就会发现这种情况并不是普遍存在的。

棒球选手成为律师

活跃在美国职业棒球大联盟的球员柳贤振，年薪高达 2000 万美元，合同期为 4 年；另一位棒球球员秋信守从 2014 年开始，7 年间总收入为 1.3 亿美元，是美国棒球史上第 27 个拥有天文数字合约的选手。这两位球员身价如此之高，很大程度上归功于经纪人斯科特·博拉斯（Scott D. Boras）。博拉斯凭借卓越的协商能力和手腕，最大限度地提高了球员的身价，2001 年促成明星球员朴赞浩签下 5 年 6500 万美元的合约，让他在韩国名声大噪，被各大球队称为"恶魔"，一跃成为全球最优秀的球队经纪人之一。

经纪人说服球队签下球员，准备各种统计资料是最基本的需要，同时还必须与球队展开一系列心理战，担起律师一般的角色。实际上，博拉斯也拥有真正的律师资格证，非常擅长与人谈判。此外，他还拥有药学博士学位。从履历来看，他的成功似乎是通过勤奋学习实现的。令人惊讶的是，博拉斯也曾是一名棒球选手，实力甚至已经达到职业水准。要获得美国职业棒球俱乐部的"新人资格"，必须成为同龄人中的前 0.1%。不是在 100个人中做到最好，而是要在 1000 个人中做到最好或更好。如此看来，博拉斯一定没有额外花时间去学习，而是完全沉浸在棒球的世界里……"我们"一般都会这么想。

博拉斯因膝盖负伤放弃了职业棒球梦想，却并没有放弃自己的未来。他花了几年时间取得博士学位，成了一名律师，这一过程并没有他原本想象得那样漫长。博拉斯实现了自己的目标，他的故事并不是那种与世隔绝、每天学习 20 个小时、只有在"非黑即白"的体系中才会出现的"英雄的故事"。在很多要求运动员"对运动以外的事不感兴趣"的地方，要想做好运动以外的事情，还需要加入另一场战争。

如果决定在韩国展开运动生涯，你只能离开教室，整天训练。秋信守选手在高中毕业后直接去了美国，他在节目中表示，当时自己只认识英文的大写字母表。也就是说，他为了运动放弃了一切学习的机会。因此，如果学生时期想要进入体育部，最重要的是得到父母的允许。在学校上课的同时，在体育部挥洒汗水，虽然听起来没什么问题，但在韩国绝对不是小事。这需要在完全不同的两条道路上做出艰难的选择。在一个从不过问"为什么想要运动就必须放弃学习"的社会，选择运动这条路，就意味着必须通过运动获得成功。正因为这种"非黑即白"的体系，学生和父母才只能在迷茫中徘徊。

像秋信守选手那样选择放弃学习、专注运动的人，即使文化素养只有一般人一半的水准也算不上是问题。然而，没有任何一个国家像韩国一样对这一点包容至此。运动选手只占经济活动人口的一小部分，在这个狭小的领域中，"只专注于运动"并不是成功的保证，那么放弃一切来追求那0.1%的成功概率真的正常吗？是否应该建立一个不需要放弃学业的体系来帮助那些没有成功的99.9%的人？能让放弃棒球的运动员成为律师的体系证明了哪种选择才是正确的。在美国，"运动员也要学习"这句话本身就没有任何意义，因为根据规定，如果学习成绩下降到一定水平以下，就不能再继续运动员生涯。

在韩国体育界，忍受不当行径被视为一种美德，被人们用意志和坚韧等高尚词语包装起来。成功只能通过运动获得，这是运动员实现自我的唯一途径。当这种唯一性变得不确定时，他们自然会感到不安。他们也知道这种不确定是不合理的，但揭发之后若无改观怎么办？

是我的错吗？

不但努力得不到回报，自己还可能成为他人的眼中钉。他们无法战胜这种恐惧，只能提心吊胆地煎熬着。这也是比起通行道德标准，人们对待体育界更为宽松的原因。正是这种宽松给了施暴者足够的余裕，让他们敢大大方方地将暴力包装成"为了对方好"，真是一派胡言。

"妈妈，请揭发他们的罪行。我爱你。"

崔淑贤（1998—2020）是铁人三项运动选手，从小就展现出强大的潜力，曾在亚洲铁人三项锦标赛获青少年组铜牌。她一直努力着，希望能获得成功。但是，希望最后变成了绝望。高中毕业后，崔淑贤加入成年选手组成的职业队，噩梦般的生活也就此开始。如果崔淑贤选手也是成年人，曝光自己的境遇、逃离这种地狱的可能性就更大。然而，在韩国体育界，追究这微不足道的差别又有什么意义呢？

荒诞的是，崔淑贤选手遭受的暴力主要来自她的队友、教练，以及运动治疗医师。他们贬低她的外貌，以体重超标为由，强迫她买 20 万韩元[1] 的面包，逼她一口气吃光，以此作为惩罚。可即使她的体重下降了，殴打

---

1 约人民币 1098 元。

也并没有停止。她被扇几十个耳光，还被踢肚子。崔选手在恐惧中颤抖着，在日记里写下"不想再睁开眼睛了""如果路上有人开车（把我）撞倒的话就好了""如果被强盗捅一刀就好了"……其他人在这样的情况下只是旁观，受害者被孤立，甚至出现了社交恐惧的症状，暴力和威胁也没有因此停止。

崔选手用尽全力试图让外界了解她遭受的暴力。她不仅向自己的属队说明情况，还要求韩国铁人三项协会和大韩体育会体育人权中心调查真相，并向国家人权委员会提交了陈情书，可谓动员了一切可以动员的力量。然而，这些组织没有给出任何回应，无论在保护受害者方面，还是惩罚施暴者方面。一些相关人士甚至劝她父亲与施暴者和解，不要继续扩大影响。最终，再也忍不下去的崔选手选择向警方报了案，但警方的调查却毫无诚意。也许警方认为这对运动员来说很常见，不是什么需要立即解决的问题。

我们可以试着站在崔选手的角度思考：好不容易下定决心抗争到底，却发现调查只是敷衍了事……警方还通知属队有人举报的消息，于是，教练要求其他运动员去提交陈述书，强调举报内容的可疑和举报者本人平时的不当言行。这些不但助长了加害者的仇恨心理，还让受害者的处境更困难。她只能到处"敲门"，这个地方不行，就去别处；这一扇没有回应，再去敲另一扇门。

在这种氛围下，受害者已经不仅仅因无法得到保护而失望，更多的是感到恐惧，认为自己"也许会死"。如果警察局认真受理，受害者还有机会与加害者对抗。然而，封闭的体育界一直存在着"即使自己人是罪犯也要保护"的惯例，让受害者最终停在了这堵坚固的墙前。

具有高度封闭性的组织，常常会掩盖内部问题，使其难以在外部曝光。组织内部的人更倾向去追查"是谁举报的"，而不是"谁是加害者"。受害者很可能会被视为毁掉队友人生的恶人。崔选手亲身经历了这一切，最终留下"妈妈，请揭发他们的罪行。我爱你"的文字后离世。这一事件发生在 2020 年 6 月 26 日，不是 1920 年。

更让人无言以对的是，崔选手去世，调查重新展开后，人们发现带头施暴者竟然是一个没有任何从业资格证明，却被地方的职业队授予了"医师"身份的运动治疗医师，这个人经常以打人、勒索的方式敛财。更令人无法理解的是，职业队的监察系统不仅没有发挥作用，甚至未曾设立举报窗口[1]。到底为什么会发生这种事呢？

1　在二审中，该运动治疗医师因故意伤害罪和猥亵罪被判有期徒刑 7 年 6 个月，赔偿 1000 万韩元。该医师提出上诉，后被驳回，原判予以维持。另外，崔选手的教练和所在职业队队长在二审中分别被判处有期徒刑 7 年和 4 年，两人也提出了上诉，同样被韩国最高法院驳回，并做出了最终判决。

仅凭体育界的自我净化就能彻底解决问题吗？

崔淑贤选手事件揭露的现实让人绝望，早在2019年，韩国体育界就出现过一场大风波，从国家队选手开始，运动员们纷纷站出来，揭露指导教练的日常暴力行为，证明自己遭受过类似的虐待，爆出的一连串事件就像多米诺骨牌，涉及冰上运动、柔道、射箭、篮球等领域，且其中大部分都被证实是真的。体育界承诺拔本塞源，采取果断措施，制定预防机制，可到现在都没有真正落实。

韩国的体育界到底有多刻板呢？在崔淑贤选手事件之后，政界人士迅速采取行动，成立了"体育伦理中心"，作为文化体育观光部下属的独立法人，旨在严肃处理体育界人权侵害事件。然而，2021年，一名国会议员调查发现，遭受暴力的运动员中，只有13.1%会向体育伦理中心申报，而18.8%的人更信任警察。该机构要得到更多运动员的信任，还有很长的路要走。

近年有关体育界的政策也在逐渐发生改变，包括呼吁高校禁止运动员在体育部宿舍集中住宿；将足球、排球等项目的联赛排到周末，尽量避免平时缺课。然而，这些措施在落实中还是遭到了许多体育界人士的反对，他们认为这种规定无法培养出最优秀的运动员；许多学生的父母也会请求教练"单独加训我的孩子吧"，运动和学习的并行不仅让他们感到陌生，也加深了对两头都做不好的不安感。

同时，即便有了这些变化，也仍然不能保证立即排除暴力这一定时炸弹。只有所有人都意识到改变的必要性，并真正想要解决过去体系中的结构性矛盾时，韩国体育界的未来才真正值得期待。如果韩国未来失去了体育强国的地位，许多人就会归咎于"在体育方面松懈了"，这时要是能有"即使在比赛中表现不佳也没关系"的舆论出现，那就太好了。但，这是否可能呢？

体育界的荒唐体系，更与国民息息相关。毕竟，韩国国民只在比赛结果公布后才会欢呼。国民过于追求在国际大赛中夺冠、在奥运会上摘金的目标，导致运动员和教练的过度执着，从而形成了"成绩至上主义"。媒体过度将民族主义投射到体育运动中，构建了"既然开启了运动生涯就要赌上性命"的文化，牵动着观众的大喜大悲。如果我们仍然认为"奥运会金牌代表国威"，体育界的暴力就不会消失。

2018 年第 23 届平昌冬奥会举办前，政府提出了"8-4-8-4"的目标，即要以"夺得 8 枚金牌、4 枚银牌和 8 枚铜牌，综合成绩排名第 4"为目标；文化体育观光部部长表示，如果目标达成，将用选手们的名字作诗，以此给运动员施加压力。

每有一位选手摘金，全体国民一起欢呼；媒体会制作数十个专题报道，甚至还会邀请选手的小学班主任讲述温馨故事；金牌得主备受瞩目，经常出现在广告里……这种瞬间逆转人生的主人公形象，成了其他选手"暂且忍一忍"的重要理由，他们强迫自己相信"打学生的老师才是好老师"，在反复自我催眠后产生错觉，认为这就是真理，即便教练对自己做出更过分的事也不会介意。因为只要夺得金牌，就可以在一瞬间逆转人生。

挪威在 2018 年平昌冬奥会综合排名第一，但在 2016 年的里约热内卢夏季奥运会却是第 74 名；瑞典在冬季奥运会和夏季奥运会的排名分别为第 6 名和第 29 名。为什么会出现这样的差异呢？因为在挪威和瑞典，人们从小自然而然地接触冬季运动项目，去哪儿都可以滑雪、滑冰、接触冰壶，这些国家自然会成为冬季体育运动强国。然而，他们的国民不会要求运动员在夏季奥运会上也取得相同的好成绩。相比之下，如果韩国的综合排名没有进入前十位，新闻里就会出现"怎么会沦落到这种地步"的质疑。对那些认为奥运会排名和国家形象完全无关的人来说，根本不存在这种烦恼。

其他国家不会容忍"赌上性命"的体育体系。运动员获得好成绩时，国民会为之欢呼，但这并不意味着他们赞成剥削人权的体育体系。举一个明显的例子，很多其他国家的选手都还从事着另外的职业，但韩国却不是这样。

过去许多国家都会选拔并集中训练少数有运动才能的人，这种"精英教育"体系存在政治因素。"冷战"时期，美国和苏联展开了奥运金牌数的竞争，美国声称自己取得更多金牌是因为"自由主义的优势"，而苏联则宣传"多亏有伟大的社会主义"；东德在 1988 年汉城[1]奥运会奖牌榜上位居第 2 的原因也是如出一辙（第 1 名是苏联，第 3 名美国）；为了凝聚国力，日本也成功申办了 1964 年东京奥运会，并集中投入资源，取得了很好的成绩（第 3 名）。

这些成绩是如何实现的呢？由于大多数人认为奥运会成绩与国家的威望有关，所以国家会去寻找优秀的运动员，并对他们进行严格的训练。一旦获得金牌，他们就会被视为"国家的英雄"，之后的运动员们也会羡慕成了"英雄"的前辈，并献出自己的一切。

为了转移国民的注意力，全斗焕独裁政权制订了优化体育运动的政策，促成了韩国职业棒球联赛（始自1982 年）和韩国职业足球联赛（始自 1983 年）的诞生，同时国家队运动员的报酬也大幅增加。运动员只要获得一枚金牌，人生就会得到改变。这项政策的结果是，之前在比赛中未能崭露头角的韩国，在 1984 年洛杉矶奥运会上取得了综合排名第 10 的成绩，并在 4 年后的汉

---

1 今首尔。

城奥运会上获得了第 4 名，令人震惊。当时我还是小学四年级，但我清楚记得试卷上与韩国奥运会排名相关的问题。国民情绪高涨，学校体育部的成绩至上主义也成了理所当然。

要理解体育界的畸形，就不能忽视过分关注国际大赛成绩的社会氛围，也就是造成当下局面的根本原因。在这些过剩的情感中，一个荒诞的体系被创造出来，并得以延续。崔淑贤选手没能摆脱这一束缚，战战兢兢的她，最终没能找到可以依靠的地方。

故事仍未结束，

一段暴力回忆："我当年在体育队的时候……"

2022 年第 24 届北京冬奥会上，韩国短道速滑代表队没有教练陪同。因为在招募教练时提出了"禁止对选手施加身体和语言暴力等"的条件，速滑队一时竟很难找到合适的一流指导教练。大部分教练仍然认为只有成绩好才是最重要的，其他问题都无关紧要，这也意味着许多选手将继续被迫忍受暴力。

2009 年，排球运动员 A 某在记者招待会上揭露了教练施暴的事实，他的脸上还带着淤青。教练因此受到了无限期剥夺教练资格的处罚，但没过几年，这项处罚就悄悄地解除了。加害者又成了职业球队的教练，与 A 某在赛场上相遇了。每次遇到这种情况，A 某都觉得噩梦再次出现，而加害者却在采访中说："想和 A 某喝杯烧酒，解开心结。"这是一个典型例子，打人的一方居然认为喝杯酒就能解决问题，毫不掩饰地展现了施暴者对暴力的轻视，让我们更清楚地了解了施暴者的价值观。最后，由于复职争议继续扩大，该教练选择了主动辞职。

　　许多教练仍然沉浸在过去的观念中，抱怨现在的运动员缺乏毅力和耐力，训练条件堪称奢华，可稍微训斥一下就不耐烦，等等。他们仍然坚持"爱之教鞭"的观念，怀念损害人类尊严的环境。这些思维定式早已在他们心中根深蒂固。

我发誓，这绝对不是什么过分的要求，这是作为人最基本的要求，也是企业主完全做得到且能遵守的事情。[4]

——全泰壹 [1]

1　全泰壹是韩国和平市场的一名缝纫工人，多次参加要求改善劳动环境的罢工和示威活动。1970 年 11 月 13 日，年仅 22 岁的全泰壹手持《劳动基准法》自焚而亡，震动了当时的韩国社会。引文出自全泰壹写给当时的韩国总统朴正熙的信。

第三张面孔

即使坠落，被夹住，被压倒[1]

—"你即是我"[2]，已故金容钧—

"死亡工人是外包公司的员工。"

1995年6月29日，首尔三丰百货大楼倒塌。刚开始听到"倒塌"的新闻，我根本没想到会是整栋建筑都坍塌了的意思。电视上，专家纷纷声讨和分析着为什么会发生这种事情，学校里也是一样，老师把新闻内容做成剪报分发，变着法地批判社会和时代。就是因为这件事，我第一次听说了"外包"一词。

应该就是这篇报道：《"三丰事件"后，豆腐渣工程消失了吗？低价中标再转包的恶性循环依旧存在》（《东亚日报》1995年9月21日刊，第5版）。1994年10月21日圣水大桥坍塌事件后出现了很多类似的报道，比如《创造安全文化，驱逐缺乏安全意识活动：转包……

---

1 参考 *rapportian* 的专栏《坠落、被夹住、被压倒的"死亡队列"：是谁在阻挡劳动安全》。
2 工人悼念现场经常出现的标语。

再转包……可预料的不良品》(《东亚日报》1995 年 5 月 18 日刊，头版)，提到了以 159 亿韩元中标，拿走 25 亿韩元后再转包的相关问题；《改善外包的不公平关系》(《韩民族日报》1995 年 4 月 18 日，第 20 版)中指出了汽车工会总联合会筹备委员会单方面通报降低配件价格的行业问题。在此之前，《每日经济》1993 年 4 月 1 日的报道《着手制定有关铲除外包不正之风的对策》中还出现了相关人员的爆料，声称"据我们所知，大企业中标大型工程后，在转包和再转包的过程中，最多会'蒸发'掉 50% 的工程款"。但只有钱蒸发了吗？工程的安全性也变得更加疏松了。

企业向外部筹措业务的手段叫作资源外取(outsourcing)，平常我们讲这个词，用的是英语外来语，显得很干练。实际上就是外包(하청，对应汉字为"下请")，虽可以直译为"朝下请求"，但实际运用时并无恭敬之意。

尽管合作公司和派遣人员会根据情况避开"下"字的表述，但实际现场的上下级关系却十分严格。如果上面下达了某件事需要在某时间完成的工作指示，下面的人就要答"收到"；费用不够就减少人员，咬牙也要上，"无论如何"工作都要完成，安全事故随之就不可避免了。从结构上讲，外包公司必须要承担有风险的工作，也就是将"风险转包"。这也是为什么我们在新闻中经常听到"死亡工人是外包公司的员工"。

　　韩国雇佣劳动部的调查显示，2018 年至 2020 年施工现场因工伤事故死亡的工人中，外包公司工人占55.8%。值得注意的是，在资金规模 120 亿韩元以上的工程现场，外包公司工人占比竟高达 89.6%。在路上随处可见的公寓大楼或造船厂之类的大规模施工现场，死去的工人大都隶属外包公司。大部分直接原因是没有为工人置备安全设施，或工人没有遵守指示操作。但置备安全设施就会导致赤字，遵守指示就会延长施工时间，最终还是会造成赤字。于是，工人们以坠落、被压倒、被夹住的方式死去了。20 世纪五六十年代之前，公寓并不多见，工人在建造公寓时死亡可能是偶尔才发生的事情；但当下"公寓如此普遍，死掉几名工人是难以避免的"。然而，韩国的公寓根本没有人们想象中那样多——以 2020 年的基准，全体韩国家庭中，在公寓居住的家庭仅占 51.1%。

　　这种"风险转包"在 20 世纪 90 年代中期便已成为根深蒂固的结构性问题。虽然企业把组织核心业务以外的环节委托给了外部人员，将其包装成可以节省费用、增加利润的合理企业运营系统，但夸张一点讲，现代社会的工伤事故中，还不存在与"转包"系统无关的案例。

85% 的施工费消失了

2021 年 6 月 9 日，光州广域市东区鹤洞正在拆除中的一栋 5 层建筑物朝着道路的方向倒塌了，这起导致 9 人死亡、8 人受伤的坍塌事故是安全管理不善的结果。万幸的是，现场工人凭直觉逃离了事故现场。此事曝光后有人质疑："为什么只有他们避开了？""施工现场为什么没有进行封闭管理？"可以断定的是，这些工人没有接受过任何避险培训，都隶属外包公司，而且还是第一个外包公司再次转包后的公司。不妨说，食物链最底端的工人根本没有"资格"凭自己的意志在现场行动，因直觉危险离开了工作岗位，对他们来说是有可能丢掉工作的冒险行为，仅因为建筑物倒塌才拥有了正当性，否则就会遭到"为什么游手好闲"的指责。外包公司以紧张的预算榨取工作人员而获利，即便工人还不具备成熟的技术和素质，也没有闲暇去培训他们了。于是，事故不可避免地发生了。

事故调查结果显示，A 公司在收到每坪 [1] 28 万韩元的工程款后，将工程外包给了 B 公司，最后 B 公司又外包给 C 公司时，工程款已经缩减了 85%，变成了每坪 4 万韩元，工程只能勉勉强强地进行下去。28 万韩元变

---

1 韩国面积计量单位，1 坪约为 3.3 平方米。

成了 4 万韩元，按照每坪 4 万韩元的预算，根本不可能实现最初计划书中的施工标准。要拆除一栋五层建筑，就要从最顶层开始粉碎，清理，再粉碎，再清理。但为了节省时间，工人会直接砸碎一楼的承重墙，使建筑物失去重心自行倒塌，本应花费四五天的工作，一天就得处理完毕，业内称之为"折断"。发生事故的建筑也采用了这个拆除方法，可这次大楼却朝着意想不到的方向倒塌了。这并不是完全无法预料到的，但施工方没有余力再去聘用一位能够细心考察现场的专家。工资很低，施工现场很危险，于是熟练的工人本能地回避了，还是被人们批为缺乏安全意识。没有人真的对危险"无感"，为了让施工现场继续运转下去，只能不把这些感觉放在心上。

正式员工和非正式员工的身价是不一样的

人被卷进机器里，"肢体分离而死"。但人的身体不是乐高积木，事故现场的惨烈也不能用"分离"这种温和的词语来表达。这种惨剧不是发生在朝鲜时代，而是公然发生在世界排名靠前的经济大国，发生在无线网络无处不在的国家。在这个用指纹打卡的互联网时代，却没有可以感知操作者的危险并能自动停止的机器或系统。可怕的是，这类事故已发生不止一两次了，只因这个事故尤为残酷，才引起了社会大众的关注，并明显分化出看待问题的两个视角——有人提出质疑"还要放任悲剧继续发生吗"，也有人叹息着"这是没办法的事"，然后噤声。这两个分支不能被认作社会视角多样性的体现，因为前者是正确的，后者是错误的。

1994 年 12 月 6 日出生的金容钧于 2018 年 12 月 10 日死亡。他虽然在发电厂工作，但并不隶属发电厂，而是发电厂的外包企业韩国西部发电公司的非正式员工，月薪 220 万韩元。这是他的第一份工作，他在入职仅 3 个月后死去。

他的工作环境十分恶劣，工作内容是确认输送煤炭的运输带上是否有煤渣，如果有的话，及时通知发电厂采取措施。虽然只负责巡逻并报告运输带状态，但他却拿起铁锹铲走了煤渣。只要是刚进入公司 3 个月的非正式员工，没人会追究这个任务到底在不在自己的工作范围内。对来自委托公司的"请你清理一下吧"的要求，外包公司的年轻员工不可能不愿意，不可能去质疑。他一定不止一次地回复上级"好的，我去清理一下"，也会得到"做得不错"的称赞。他被评价为既诚实，责任心又强的人，渐渐地，他习惯了不去拒绝那些正变得越来越危险的工作。

这就是底层的生存战略。只有减少时间、节约费用

　　　　　　　　　　　是我的错吗？

才能得到基本工资的他们，就算不安全，身体也要先行动起来。虽然应该等待设备先送来，不该直接用身体去推，但因为把机器关停再重新启动"浪费时间"，所以他们跨进了绝对不能用脚踩踏的空间，他们的身体自动适应了这样的行为模式。大部分人有在劳动过程中的危险面前止住脚步的权利，但有些人没有。

因为公司发放的提灯出了故障，金容钧打开手机闪光灯走进黑暗的作业区。他想要确认运输带的轮子是否还在正常运转，为了听清摩擦声，他俯下身子靠近了机器。熟练工都觉得危险而不愿意去做的事，只接受了五天培训的金容钧却去执行了。这件事过于危险，明明大致听听声音就可以了，可这个勤恳的"外包公司非正式员工"大概想弄清楚问题出在哪里，所以又向前挪动了一步。于是，正在高速运转的机器把他吸了进去。以下是金容钧的母亲从发现尸体的同事那里听说的："头在这边，身体在那边，后背裂开了，人都烧焦了，夹在运输带里。"

在这里，不存在两人一组的执勤模式。即使有人被机器吸了进去，发电厂也还在照常运转，足足四个小时后才发现尸体，给119打电话报告又花了一个小时。公司手册就是这样要求的，如果发生了工伤事故，首先要向公司内部报告，拖延向外部公开的时间，这种行径韩国企业是做得出来的，并且这样做的企业还在持续增加。

"金容钧事件"发生后，公司担心消息泄露会造成不利影响，于是对员工进行了禁止谈及此事的紧急教育，并从工人那里拿走了保安备忘录。就是在这样的工作现场中，从2010年算起，到2018年的8年时间里，有12名外包工人因坠落、掩埋、翻倒、活动空间过于狭窄等可怕事故遇难。虽然工人们不断要求加强安全设备，但公司总是以"成本太高"这一理由拖延。

工人的身价也不一样。发电厂方根据工人的所属情况对工人死亡现场管理者实行了不同的扣分规定。如果死者是正式员工，管理者扣1.5分；如果是外包公司的员工，则扣1分；如果只是不上不下的普通建筑民工，只扣0.2分。其他火力发电厂还出台了正式员工死亡扣12分，外包公司员工死亡则扣4分的制度。[5] 对于管理者来说，不考虑外包公司员工的安全是具有"实用性"的。真是太可怕了。

在首尔的九宜站、江南站、圣水站等地铁站修理屏蔽门的工人的死因也是如此。2015年起，有37名电梯维修工人在事故中遇难。在遵守安全守则就会"不饱和"的工作结构里，只要还在没有抱怨、没有不满的状态下默默工作，就会有人"定期"死去。由于责任归属不明确，类似事件很难防止再次发生。公司方面发布的死亡原因多是"个人业务不熟练"，恶劣的结构仍然存续……不，甚至进一步恶化了。

这是弱肉强食

　　类似的事故每天都在发生。虽然"人各有命"，但每天发生在施工现场的死亡事件是可以预想到的。韩国每年在工作现场死亡的劳动者接近 2000 人，其中一半是工作患病致死，另一半则因意外事故丧命。2020 年的统计数据显示，因工伤死亡者达 2062 人（其中患病死亡者 1180 人，因意外事故死亡者 882 人）。按人口比例来看，这一数据远远超过了主要发达国家的平均水平，与经济合作与发展组织（OECD）的其他成员国相比，每 10 万名劳动者中，韩国因工伤事故而死亡的人数是英国的 4 倍（以 2017 年的数据为准）。

　　通过意外事故，可以看出这个系统中最凶狠的一面。如果外包公司的员工死亡，委托公司就会声称事故与自己无关，自己只是按照合约关系支付报酬而已。即使员工因执行无法拒绝的口头指示死亡，他们也会狡辩说，"从未正式交代过他这样做"，然后抽身而出，仿若"现场就算没人指示，也要自己看着办"的工作氛围从没存在过。外包公司也不认为委托公司对员工的死亡负有责任，也并未向他们发出激烈抗议，因为只有这样才能继续保持现有合约。有人指责："外包公司难道就这样对自己公司的员工袖手旁观吗？"但公司却以"因为不是自己的设备，所以无法采取措施"的借口来回避。最后，公司只会受到无关痛痒的惩罚，没有人为死亡事故负责。在2008年至2017年的10年间，违反产业安全保健法的案件多达42000起，其中只有9起（0.02%）案件的相关负责人被拘留，其余大部分人则被处以罚款，而根据2016年的统计结果，罚款平均金额也只有432万韩元；2013年至2017年，对于死亡事故接连不断的造船企业，行政机关的平均罚款金额只有126万韩元。也就是说，即使不做改善，公司一样会盈利。对于这一"风险转包"的现象，作家金薰如此形容：

> 利润属于我，损伤属于你。
>
> 安全属于我，死亡属于你。
>
> 健康属于我，疾病属于你。

> 死亡、危险和疾病必须由他人承担。这不是在增长生产力，也不是在合理经营，更不是在创造就业机会。这是弱肉强食。[6]

电影《我不解雇自己》（2021）鲜明地反映了劳动两极化现象。主人公静恩（刘多仁饰）被派遣到不起眼的乡下外包公司，她非常瞧不起这个地方，甚至第一天上班就醉酒，但她并不羞愧，因为她是总公司的员工，所以才敢在醉酒后给比自己大二十岁的所长递名片。后来，静恩震惊地发现执行自己命令的工人所处工作环境的恶劣，更荒唐的是，工人们必须自行置办作业装备。当静恩看到只有同时打两份工才能勉强养活家庭的人时，她才认识到这个世界是非常不公平的，总公司员工的绩效工资越高，外包企业工人们的生活就会被攥得越紧。

静恩开始努力适应施工现场的工作。外包公司的"老幺"（吴政世饰）虽然人很粗笨，但他诚心诚意地对待静恩。不幸的是，老幺有一天从发射塔上意外坠落身亡。总公司为了尽快掩盖事故真相，开始劝诱并收买年幼的遗属。在目睹了总公司的无耻行径后，静恩十分愤怒，开始为老幺讨回公道。尽管遭到总公司员工的殴打，但静恩从未放弃斗争，因为放弃就意味着输了。

环境再恶劣，外包公司的工人也会在上工前聚在一起，合手喊出"安全第一"的口号。喊口号的声音毫无力量，站姿也摇摇晃晃，因为他们非常清楚，自己的安全根本没得到重视。这个口号只是一个不确定的祈祷，希望今天自己也能幸运地活下来。愤怒和无力感把他们填满，因为他们只能在"安全第一"的空壳里工作，甚至还要打两份工才能活下去。《大韩民国宪法》第32条第3项中的"劳动的基础条件是要用法律的形式来保障人的尊严"，对他们来说只是一种超现实的幻想。

同事与奖金

电影《摩登时代》(1936)中有这样一个场景：一天，有人向工厂管理者推销一台可以"最大限度缩短工人用餐时间"的机器。他提议进行测试，并表示如果按照机器安排的顺序用餐，不仅可以节省用餐时间，还能大幅提高生产力。这台机器的效果非常惊人，却让工人的处境变得十分凄惨：工人的手脚被固定住，机械臂把汤和玉米送到工人的嘴里；即使工人感到口渴，也必须等待机器按时提供饮水；无论是擦嘴角还是擦手，都必须等待机器安排。这台机器完全不顾及员工的需求，而贩卖者却称之为"有效率"。

有一天，机器发生了故障，它开始随心所欲地移动。为了吃上一顿饭，甚至有人受伤了，现场一片混乱。工厂老板拒绝购买这台机器，他说："这不是个好产品，一点也不实用。(It's no good —It isn't practical.)"企业以节省费用为借口，荒谬地降低人的身价——电影与现实重合了，"实用""效率""灵活性"被视作时代精神。在这种氛围下，很多人都认为劳动两极化已经成了一件无可奈何、理所当然的事情。

管理者只关注如何节省费用、提高利润，完全忽视了工人的福利；老板拒绝购买该机器，并非因为它对工人造成了危害，也不是因为使用它会导致悲惨的后

是我的错吗？

果，更不意味着机器不能干涉人类的进食本能，仅仅因为——如果这台机器真的具有实用价值，它就会被采用；反之，如果需要投入更多资金，它就不会被采用。

这部电影非常卓越地描绘了资本主义的可怕和劳动者的无助。电影将上班的工人与羊群比较，描绘了工人在不停的劳动中甚至无法赶走一只烦人的苍蝇的可怜模样。值得一提的是，卓别林于 1952 年被打上共产主义者的标签，并被美国政府驱逐出境。

比利时导演让－皮埃尔·达内和吕克·达内的电影《两天一夜》（2014）曾获戛纳电影节金棕榈奖提名。该电影由《摩登时代》的主题进化而来，被誉为"捕捉当代重要的社会问题，并将其原汁原味地呈现在大荧幕上"的佳作。主人公桑德拉（玛丽昂·歌迪亚饰）得了抑郁症，她选择休假专心治疗。就在即将回公司继续工作时，她听说了一个令人震惊的消息：公司提出，如果其他同事反对桑德拉回来，就可以得到 1000 欧元的奖金，同事们自然都选择了奖金。幸亏投票过程中出现了差错，桑德拉勉强得到了周一重新投票的机会。就像片名所示，重新投票之前只有两天一夜的时间，桑德拉在周末两天内拜访了 16 位同事，恳切地请求他们选择自己，而不是奖金。电影的情节虽然与综艺节目《两天一夜》不同，但与节目中的"福不福游戏"[1] 非常相似。在不能强迫

1　游戏全称为"是福还是祸"。游戏会提供两个选项供玩家盲选，选定后就需要接受相应的后果。

别人选择自己，也不能威胁他人的情况下，桑德拉度过了她人生中最紧迫的两天一夜。这部电影的片名在引进韩国时翻译为"내일을 위한 시간"，这个译名非常出色，包含了双重含义[1]，表达出广大普通劳动者希望明天（tomorrow）仍能有一份工作（my job）的意愿。

说服别人并不简单。为了说服 16 位同事，主人公在两天一夜的时间里不断向同事们发问，阐释解雇的不正当性。对很多人来说，自己得到 1000 欧元比同事的工作更重要。而这笔钱换算之后还不到 150 万韩元。每个人都有各种需要钱的理由，这些钱可能是一年的税金，也可能是子女的学费。尽管投票的最终结果是 8 对 8，桑德拉得到了半数同事的支持，但还是没有超过半数。最终，她因一票之差无法继续工作。但由于拒绝奖金的人比公司预期的多，公司决定给所有人发放奖金，并邀请桑德拉重新回来工作。附加条件是，公司的合同工将不能转正。在公司高层的眼里，为了节省费用，重新雇佣一名员工，就意味着另外一名员工必须被解雇。这也让桑德拉很矛盾，但她并没有反复犹疑，而是做出了一个令人吃惊的决定——放弃自己的工作，并且丝毫不后悔。

而现实中又是怎样的呢？很少有企业会像电影中一

---

1 这句话作为电影标题时，既可译为"为了明天的时间"，也可译为"为了我的工作的时间"。"내일"在该句中既可译为"明天"，又可译为"我的工作"。

样直接抛出如此卑鄙的问题，但如果过于强调利润，就必然会牺牲掉某些人的生命。每个人都认为应该保障劳动者的安全，给予应有的待遇，但当面对"你同意减少绩效工资来增加外包公司的预算吗"这样的问题时，根据劳动者所处的位置，也会出现不同的答案。对某些人来说，"风险转包"是危险的；但对于其他人来说，它可能带来巨大的利益。产业结构的变化导致原本被称为"乙"的劳动者进一步细分为"丙""丁""戊"，使得连带责任制变得毫无用处。

金容钧的母亲曾说过："虽然我救不了我儿子，但我不希望其他人的生活也像我们一样被破坏。"她强烈要求对相关法案进行整改。于是，《重大灾害处罚法》正式颁布，该法案不仅强化了安全管理义务条款，还规定劳动者若在工作现场受伤，将更严格地追究企业的责任。该法案于 2021 年 1 月 6 日制订完成，于 2022 年 1 月 27 日开始实施。虽然人们都在哀叹"为什么枉死那么多人后才有所动作"，但能得到这个结果就已几经曲折。因为那些重视企业利益的人强烈反对，为了通过这个法案，一些国会议员甚至进行了绝食示威，劳动活动家们则削发抗议。

相反，世界对反对的态度总是宽容的。尹锡悦总统在大选期间，曾去过某个工伤事故现场，毫不犹豫地评价"这是个人的失误导致的"，但这种发言并没有对他的当选造成任何影响。部分政界人士和媒体只会反复强调《重大灾害处罚法》可能会带来其他问题。然而，这些"其他问题"能否与少死一个人的利益相比较呢？这与在人和奖金之间做出选择又有什么不同呢？在充斥着"要是觉得委屈就应该先出人头地"氛围的国家，不得不为这些含冤而死的人的命运感到悲伤。

故事仍未结束，
从未停止的"转包式死亡"

2021年11月5日，38岁的韩国电力公司的外包公司工人金多允在电线杆上搭线时，被2.29万伏特的高压电击中，头部当即燃烧起来。后来在丧失意识的状态下，他被吊在空中足足30分钟。由于没有两人一组进行作业，事发当时既没有人报警，也没人进行断电处置，耽误了救援。他没有配备保护电工的耐高压绝缘滑车，直接顺着电线杆爬了上去，戴的也是一副连正经的作业装备都算不上的棉手套。最后，金多允被判定为全身三级烧伤，根据医院的诊断，他的身体机能已经接近60岁的男性。金多允于2021年11月24日离开了这个世界，而价值39万韩元的绝缘手套，还静静地躺在他的网购购物车内。

四十多天后，这场再现了电影《我不解雇自己》的可怕事故才被大众知晓。灾难安全主题媒体《安全时报》于2021年12月27日首次进行报道，2022年初，MBC电视台也集中对该案件进行了报道。在众多媒体开始关注后，韩国电力公司才悄悄道了歉，此时距事故发生已经过去了66天。然而，公司并没有直接对家属道歉，反而主张自己只是招标单位，不对安全管理上的失误负责，措辞含糊不清，划清界限倒很干脆。

　　2015年起，7年间共有47位电力工人因高空坠落和触电身亡，这长长的死者队列，到底为何无法停止？
　　——已故金多允等外包公司工人所属全国建设工会追悼声明

是的，我是跨性别者。

是的，我变性了。

——莉莉·沃卓斯基[1]

---

1 原名安德鲁·保罗·沃卓斯基（Andrew Paul Wachowski），美国著名导演、编剧，代表作品有《惊世狂花》《黑客帝国》《云图》等。

第四张面孔

即使想活下去

—"性少数者在这里"[1]，已故边熙秀—

不公正的陌生

陌生。人们经常体验到陌生感，也爱将其挂在嘴边。听到平时没听过的音乐，看到与大众审美有距离的电影，品尝到外观和味道独特的食物……人们不仅会在描述喜好时使用"陌生"一词，也经常用其形容他人给自己带来的感受——对某人陌生，可能因为不认识，也可能因为对方的肤色、着装、口音与自己不同。这种陌生极其私人化，仅凭说话者的立场和标准判断，是彻底的主观感受，由其衍生出的"想象力"则更令人不适，那些认为"从着装就能评判生活作风"的人，很可能仅凭一件衣服就排斥别人；还有人主张"你吃的每一口都能决定你的身材"，于是减肥成了这个世界的绝对真理。人们被外貌至上的观念束缚，仅凭长相排斥他人的氛围变得越来越严重。

1　在韩国的性少数者相关的集会上常常看到有写有"我们在这里"的横幅。

这种陌生除了主观性过强，也是不公平的。有人如果在庆尚道说标准的首尔话，就不会遭到排斥，但反过来就不一样了。如果生活在首尔的大邱人一直说大邱方言，开始人们还会善意地说"方言很有魅力噢"，但时间长了就会指责"你的语气带有攻击性，改一改吧"。方言作为个人语言习惯，之所以会被有恃无恐地翻到明面上，正是因为攻击方言已成为韩国的社会通俗。不过，并不是所有说方言的人都会有同样的感受。比如，移居首尔的光州人学说首尔话的速度通常比大邱人快得多，大概正因光州方言的语调更加特殊，所以他们对周边的视线和排斥感更敏感、更恐惧。而大邱人遭遇方言指责时可能会说"别废话了，攻击性到底是什么感觉"，但大邱人不是光州人，他们无法体会到光州人的真实感受。[1] 很多人面对他人表现出的陌生时，并不觉得那单纯是对差异的反应，而更容易觉得"啊，这是在评判、区分和排挤我啊"。那些总是试图用显化的陌生推开他人的人，是否能理解这种感受？

理解的差异，源于一种权力关系。日常生活中，黑人经常会遭到莫名其妙的"监视"，散个步也会被盘问，他们必须不断观察四周，所以他们会特意带上小狗，而

---

1 本段提到的大邱市位于庆尚道，光州市位于全罗道，庆尚道和全罗道均位于韩国南部，方言使用率较高，语调与作为韩国标准用语的首尔话有明显差别，故有此说。

是我的错吗？

且小型犬比大型犬的效果更好。试想你正好好吃着饭，突然被人无缘无故地审视，任谁都会有一瞬的瑟缩，这就是"陌生"利用权力运转的方式。黑人的抱怨不仅是对个人处境的哀叹，还代表了大众视线中存在的不公。非残障人士对残障人士表现出的陌生，也会让残障人士在通勤这个特定场域中产生自我厌恶，抱着"上班有罪"的感觉，而非残障人士不会，也无法感受到。

陌生是一种无法等同化的情感。有些人只会对别人感到陌生，有些人还会对自己感到陌生，进而不安、恐惧和羞耻。不是每个人都了解由陌生引起的复杂感受。同理心虽能让我们与某人的情感同步，但白人对黑人的不安、富人对穷人的羞耻，这些感受都完全不同。其中，种族、性别和阶级间的差异最显著，因为这些差异从一开始就存在。

令人欣慰的是，如今的时代正朝着缩小差异的方向发展。以前有人觉得模仿黑人很有趣，但现在这种行为会被强烈谴责；过去强调"生育是女性最大的幸福"，如今这种观念已经过时了；当政治家声称"穷人不懂自由"时，人们也会表达自己的愤怒……虽然还有很长的路要走，但与过去相比，"不知全貌就不乱讲"的意识也变得越来越强了。越来越多的人开始反思投射在自己身上的歧视和"仇恨"，接触以前未曾了解的事情。

异性恋者觉得爱异性是很自然的事，他们对此并不陌生，也不会被其他人以陌生的眼光看待。然而，仍有很多性少数者正在无情的漠视中绝望而痛苦地呻吟，不敢奢求任何改变。纵观人类历史，人们的性取向从未统一过，爱同性或爱双性的少数人一直存在。但多数人对同性之爱感到陌生，因此性少数者也会内化这种陌生。对那些认为只有异性爱才是自然、正常的人来说，同性之爱这种理所当然的感情，也让他们感到尴尬。

一个自我认同和生物学性别都为男性的人（即顺性别者[1]），不会让任何人感到陌生，但并不是所有人都能顺应天生的生物学性别，过上平静的生活。跨性别者并不是突然出现的奇怪生命体，他们和人类历史共存。有人生理性别是男性，但自我认同为女性；有人生理性别是女性，但自我认同为男性。他们时常怀疑自己已经脱离"正常范畴"，虽然每天穿着不适合自己的衣服令他们很不适，但每当他们说出自己的不适，都会担心周围人的反应，他们只能强忍着，不表露出来，假装一切正常地继续活在不安中。

现在也是如此。在第 318 号公寓里，在地铁 2 号线里，在 791 路公交车里，在二年（5）班教室里，在首尔市政府食堂里，在做新冠病毒检测的诊所前等候的长队里……性少数者，就在这里。

1　原文为"cisgender"，"cis"在拉丁语中意为"同一边"。

需要憋尿的人们

　　美国第 44 任总统奥巴马在白宫内设立了"性别中立卫生间"（以 Gender Neutral Restroom、All Gender Restroom、Unisex Public Toilet 等标明）。该项举措确实新颖，但实际上并无特别之处。这里没有男性专用的小便池，只是设置了尽量避免他人接触的行动路线，能确保在紧急情况下，任何人都能安全舒适地使用卫生间——而这个看似理所当然的诉求，曾经并不是所有人都能享有的权利。

　　对有些人来说，根据生物学性别如厕的规则是一种羞辱。让不认同自己是男性的人进入男性卫生间是很困难的，而如果使用女性卫生间，他就会被扭送进警察局。2010 年，美国加州州立大学长滩分校的一名跨性别学生，在学校卫生间遭遇了一起明显的性别仇视犯罪，该案件在美国一时间讨论度极高 [1]。白宫的性别中立卫生间是一种象征，更是对这个歧视和厌恶跨性别人士的社会的警示。

　　舆论的风向也在变化。2016 年 9 月 9 日，加州州长杰里·布朗（Jerry Brown）签署了一项法案，该法案规定，2017 年 3 月起，加州的政府机关和商业大厦须将设立性

1　2010 年 4 月 15 日，该名学生在使用男性卫生间时遭到袭击。嫌疑人在殴打受害人后，用刀在受害学生胸口上刻下了"IT"（它）的字样。

别中立卫生间视为一项义务。日本奥林匹克委员会在筹备2020年东京奥运会时，也积极考虑建设性别中立卫生间，东京涩谷地区也开展了公共卫生间的再设计项目。此外，德国和瑞典等国也出现了类似的改变。

然而，美国的北卡罗来纳州却通过了规定人们必须根据生物学性别使用卫生间的法案，传递了社会拒绝考虑跨性别者的不适、坚持维护顺性别者的舒适感的信号。为了强调"跨性别者就在我们身边"的明确事实，美国很多企业纷纷撤回在该州的投资计划，部分州禁止公务员到北卡罗来纳州出差；歌手林戈·斯塔尔（Ringo Starr）和组合"魔力红"（Maroon 5）以"无法认同这种歧视行为"为由，取消了原定在该州举办的演唱会；英国政府正式告知国民，美国北卡罗来纳州不尊重性少数者的意见；美国职业篮球联赛（NBA）也变更了原定在北卡罗来纳州夏洛特市的明星联队赛场。

一直仅将性别分为男女两类的人抱怨道："怎么会出现这样的事情？"他们从未因不想在街上憋尿而放弃想做的事情。现代人走在路上，当然可以找到解决基本生理需求的地方，无论免费还是收费。如果连这点都做不到，还算什么现代文明社会呢？但害怕上厕所的人是真实存在的。2021年韩国国家人权委员会发布的《跨性别者憎恶歧视情况调查》显示，589名跨性别受访者中，有212人，即36%的受访者曾因担心遭受不当对待或

是我的错吗？

异样目光而放弃使用公共卫生间。难道我们该庆幸还有50%以上的人没经历过类似的事情吗？如果这项调查的受访者是非跨性别的异性恋者，这个比例大概会是0%吧。因为害怕去公共厕所而不断忍耐，他们最终可能患上慢性膀胱炎，或干脆不敢出门；社交生活减少，生活质量也会下降，也有患上抑郁症、焦虑症和社交恐惧症的可能。

如果总是用自己熟悉的框架来解释世界，被歧视的人就将永远遭受歧视。只有打破对"性别"机械分类的固有观念，世界才会变得更加平等。一定要将人类分为男性和女性？这是错觉；男人一定要爱女人，女人也一定要爱男人？这种想法很狭隘；所有人都有性欲？这不过是种过于草率的概括。长期以来对性少数者的歧视，正是这些固定观念不断累积导致的。好在整个世界都在改变，只是韩国是否会跟随这一趋势，仍是个疑问。

跨性别者无法爱国？

2020年1月22日下午，首尔市麻浦区的军队人权中心内，数十名记者正在等待为一名军人举办的记者招待会。因为座位不够，走廊里也挤满了人。韩国军队人权中心是不隶属于国防部的民间团体。每当韩国军队中出现性骚扰、霸凌、暴力、不当医疗等犯罪或恶性行为时，韩国军方的闭塞都会暴露无遗。他们不仅不承认错误，还试图掩盖问题，将责任转嫁给个人，不肯做出任何改变。因此，当受害者或已故受害者家属失望地意识到军队无法解决问题时，他们就会前往人权中心寻求帮助。对记者来说，竟有人敢冒着被军方盯上的风险出现在公众面前，一定是非常特别的素材。招待会开始之前，紧张的氛围已经开始弥漫。

终于，一位身穿军装的女性一步步穿过狭窄的通道，走上台阶。当她举手敬礼时，泪水已经涌上她的眼眶，她的声音也颤抖着，无法掩饰紧张情绪，仿佛知道自己将要面临多大的挑战。但她似乎也抱着一丝期待，相信这一刻可能会改变历史的进程。在几次深呼吸后，她终于开口了：

"我是第五批坦克驾驶员，边熙秀下士。"

边熙秀从小就梦想成为军人，少年时期便离开家乡，前往副士官特殊高中学习。尽管逐渐晋升为副士官，但她始终无法认同自己身为男性的生理性别，该校对性别认同的限制一直困扰着她。对那些提出质疑的人来说，职业军人与男性战友一起生活是理所当然的；但对有些人来说，这是怎么努力都无法实现的事情；对边下士来说，更是需要消耗极大心力才能克服的过程。她说："我的内心崩溃了，精神也快到极限了。"

边下士的发言稿中，出现了"性别焦虑"（gender dysphoria）一词，指的是无法认同出生时的性别，从而产生痛苦感或功能障碍，而这也是跨性别者共同拥有的感受。过去由于无知，这种感受被视为一种疾病。在韩国，这是第一次有跨性别者在公共场合提到这个词。人们之所以对该词感到陌生，除了因为它是顺性别者无法理解的感受，也因为拥有该感受的个人面临着超乎想象的压力，无法轻易言说。尽管现在的舆论环境稍有放宽，但韩国社会对跨性别者的偏见仍然非常严重，几乎没人能在公开自己的跨性别者身份后继续安然无恙地生活。对边下士来说，即使她在军队服役期间表现出色，但扮演与自我认同相反的性别角色仍是一种羞辱。在抑郁症加重后，边下士前往军队医院精神科寻求帮助，她决定对自己进行性别矫正，以自我认同的性别堂堂正正地活下去，也做好了继续在军队服役的准备。她没有逃避，向所属部队说明了情况，并得到了上司的支持，依照程序去泰国做了变性手术。

然而，手术结束后，边下士的军队生活就被迫终止了。韩国陆军军方以性器官和睾丸受损为由，判定她为"身心障碍三级"，对她下达了强制退役处置。强制退役的决定正意味着军方缺乏面向跨性别军人的相关条例。边下士做出无比艰难的抉择后，才找回身心的安定，军方却给她贴上了"身心障碍"的标签，他们难道不该感到羞愧吗？虽然国家人权委员会要求推迟退役审查，传达了紧急援助的必要性，但军方在会议当天就做出了强制退役的决定。这也反映出军方对关心性少数者的社会呼声的无视。通常情况下，强制退役会考虑当事人的付出，给予他们从强制退役日起 3 个月以内的过渡时间。但陆军军方在 1 月 22 日上午对边下士下达了 24 点前必须离开部队的命令，足以证明军方无法忍受跨性别者的存在。于是，当天下午，边下士在全世界面前曝光了自己，有关该事件的新闻超过了 200 条。这位 22 岁的年轻人投出了一颗"炸弹"，内容却非常朴实：

> 作为一名性少数者军人，我希望自己和其他性少数者同伴，都能在不受歧视的环境下完成自己的任务和使命。虽然我只是个微不足道的人，但我想成为一个优秀的榜样，为这个变革做出自己的贡献。关于"手术之后是否需要继续服役""是否需要重新分配部队"的问题，我想说，作为一名守护国家最前线的军人，我希望一直留在这里。我不想让性别认同成为评价我的唯一标准，希望通过自己的努力和表现证明自己是一名出色的军人。

> 作为一名大韩民国的军人，我真心希望得到这个机会。谢谢！

2021 年的数据显示，全世界有 24 个国家允许跨性别者在军中服役，但相关具体政策也会随着政权倾向发生变化。尽管美国军方在奥巴马执政期间才开始保障跨性别者的军队服役权，但特朗普上台后又将其禁止，拜登就任总统后又重新恢复了。2016 年 6 月 30 日，当时的美国国防部长阿什顿·卡特（Ashton Carter）发表了关于"取消军内跨性别者禁止令"的谈话，他认为"这才是正确的，只有广泛吸纳最有能力的人，才能建立世界上最强大的军队"。

由此而来的争议自是少不了，但解决方式其实非常明显——不去简单将人类分为男性和女性。跨性别者一直存在于人类社会中，只是他们没有表达自我身份认同的机会而已，但他们也想和其他人一样正常生活。我认为，这个议题恰恰应该留给不熟悉跨性别领域的人去思考。如果人们仍用"是否正常"区分身边的人，认为歧视和仇恨理所当然，跨性别者就将再次"被隐身"。

边熙秀下士的"炸弹"震动了整个韩国社会。2021年 10 月 7 日，边熙秀下士在针对陆军参谋总长提出的"取消退役处分"行政诉讼中胜诉。根据大田地方法院的判决，针对边下士的强制退役处分是不合理的。因为原告已经进行了性别矫正，获得了法律认可的女性身份，军队无权使用男性的身份评价和讨论边下士的身心障碍。虽然法律并未明确允许跨性别者在军队服役，但军方明显是以仅把人分为两性的狭隘观念为前提，提出了"身心障碍"的理由。这次判决被"社会民主建设律师团体"和《京乡新闻》评为2021年最优秀的"阶石判决"，也被人们视为反映韩国社会仍能向好的伟大里程碑。然而，边下士却再也无法为此感到欣慰，她已于2021年3月3日结束了自己的生命。

2020年2月，边下士向军方提出人事申请，要求军方重新考虑强制退役的处置。然而，军方以"处分没有违法"为由驳回申请，行政诉讼就是在此后开始的。虽然边下士一直想相信军方，但在法庭审判中，军方却一直强调"没有男性性器官是一种残疾，生殖器再造手术是故意损害身体的自残行为"。军方将边下士逼到极端的选择之下，甚至在边下士的死亡消息传开后，公开表示"军方没有必要对一名平民的死亡表明立场"，装聋作哑。

所幸，军方法务部决定不对强制退役处分不当的审判结果提出上诉，并表示将开展一项有关性少数者服役的研究计划。边下士用死亡证明了自己的存在，如果没有追悼边下士的舆论氛围，恐怕这样的改变也很难实现。

性少数者一直在身边

赫马佛洛狄忒斯（Hermaphroditus）是古希腊神话中的神，同时具有男性和女性的生物学特征。法国卢浮宫里，雕塑作品《沉睡的赫马佛洛狄忒斯》前总是挤满了人。赫马佛洛狄忒斯同时拥有女性胸部和男性性器官，与之相关的神话正反映了人类社会早期的样貌——很久以前已经存在既不是男人，也不是女人，而是以"间性"（intersex）诞生的人。间性是指不符合"男性/女性"典型二分法的第三种性别，从兼具两性特征，到性质和形态介乎两性之间，间性的类型也十分多样。

人们讨厌也好，歧视也罢，以间性状态生活的人一直存在。《世祖惠庄大王实录》中的舍方知就是同时拥有男女性器官的间性人。比利时著名模特汉娜·加比·奥迪尔（Hanne Gaby Odiele）也曾公开自己幼年接受切除男性性器官手术的经历。人类的产生不像烹饪，放几勺盐，烤箱启动几分钟就完成了。男性和女性的性别由染色体和荷尔蒙决定，其过程——受精卵的成长与分化也因人而异，所以会出现"既是男性也是女性"或"既不是男性也不是女性"的情况。但社会是如何对待他们的呢？仅凭医生"某种性别特征更明显"的判断和父母"为了孩子的未来"的主张，他们必须选择走上手术台。无论个人意愿如何，他们都只能以单一的男性或女性身份生活。

不过，二元性别的固有观念正在慢慢变化。人们开始认识到，间性人并不是"需要接受手术的非正常人"，只是许多正常人中的一类。有些国家制定了相关法律，规定在子女青春期结束前，父母无权强制子女选择性别，子女有权在青春期结束后自行决定性别；有些国家在出生证明或驾照上增加了"第三性别"的选项。2021年10月27日，美国发放了第一张性别标记为"X"的护照，约有400万美国公民因这项措施受益，认为自己是非二元性别（non-binary）的人正是其中的代表。人们开始意识到性别的多样性，只有性别的范围变得更广，框架变得足够大，人权才能更好地得到尊重。在美国之前，澳大利亚、新西兰、德国、加拿大和尼泊尔等国已经开始使用"X"来标记性别。"作为生物学上的男性或女性出生，以符合该性别的身份认同，对异性产生爱慕"的惯性思维已经无法完全概括人类共同体。

虽然有些晚，但韩国也开始在世界性浪潮的影响下打破固有观念。跨性别者在完成性别矫正手术后，提交大量资料，完成烦琐的手续，才能在法律上更改性别。其中争议最大的是"性别修正父母同意书"，自身性别需要得到父母允许才能更改，是侵犯人权的，该要求于2019年废除。此外，在法律上改变性别是否必须接受手术也引发了人们的质疑。德国联邦宪法法院在2011年做出"只有接受手术才能在法律上更改性别的条款属违宪"的判决，因为这种严苛要求不仅侵犯了公民的身体权和健康权，还过度限制了个人自由。

2003 年，韩国报纸首次登载了 LGBT（Lesbian，Gay，Bisexual，Transgender）的概念，如今和 Asexual（无性恋者，即不被性向吸引的人）、Intersex（间性人）、Questioning（还在寻求自我性取向及身份认同的人）、Pansexual（泛性恋者，指具有与性别无关的爱"人"倾向的人，比双性恋更宽泛）统称为 LGBTAIQP。他们一直存在，只是在宗教和传统的限制下，被贴上了"有罪"和"疾病"的标签，长期遭受着深深的歧视和仇恨。只有在少数群体的基础上不断扩大包容的范围，我们才能将人权保护普遍化；同时，还需要保持对现状的怀疑态度，不断推动这一领域的进步。

然而，在如今的韩国，这种怀疑态度用错了地方。人们并没有利用怀疑去寻找人权保护的死角，扩大普遍性人权的实例一直被曲解。例如，圣公会大学于 2022 年 3 月 16 日设立了韩国第一间"所有人都能用的卫生间"（REST ROOM FOR ALL），不限性别，尊重自我认知和生理性别的不同，无须家人陪同，所有人都可使用。但是，有人怀疑这种设置会导致人们无法舒适使用卫生间，争论持续了 5 年才归于沉寂。虽然我们探讨的是人权问题，一直期待一个象征积极变化的信号，但为消除歧视做出的新尝试总会遭到"大众的怀疑"。仍然有人试图掩盖性少数者遭遇的不公，声称这些措施会破坏性别秩序，狭隘地坚信没必要为了他们让多数人不便……

这些都是目前难以跨越的障碍。

"所有人都能用的卫生间"由大学校园数十个卫生间中的一间改造而成，改造过程也没用到什么划时代的技术，只是重置了一般卫生间里的公共空间，将使用者数量控制为单人而已。使用者一进入洗手间内部，就不必担心遇到其他人。这个"巨大的单人卫生间"内部设有洗手台、婴儿尿布更换台和为残障人士服务的保护措施，但人们却将"所有人都可以使用"理解为"只为性少数者设立的卫生间"，怀疑它会妨碍惯于根据生理性别使用卫生间的人。但其实根本不会妨碍他们。那些想去卫生间的人，依然可以毫无顾虑地去，而性少数者也不必小心翼翼避开他人的视线。我们应该支持这种举措，并扩大其积极影响，不该把为修正不均衡的"默认值"而做出的努力视为制造混乱。

故事仍未结束，

已故边熙秀、李恩镕，还有……

舞台剧《我们（不）是笑话》[1]展示了新的"酷儿学"，荣登韩国戏剧评论家协会"2020年度最佳戏剧奖"第三

1　《我们（不）是笑话》讲述了古希腊一个名叫泰列西亚的少年经过林荫道时看到了正在交配的蛇，无意用手杖打了它们，结果当场变成了少女，用少女的身体生活了几年的故事。作品刻画了性少数者的生活经历和奋斗历程。

　　　　　　　　　　　是我的错吗？

名。"很荣幸能作为一名还活着的跨性别作家创作这部作品。"这是编剧李恩镕在颁奖典礼上发表的获奖感言。然而，两个月后，他离开了这个世界。之后，该剧还获得了第 57 届百想艺术大奖的戏剧奖，具滋惠导演领奖时悼念了故人，并表示："有些人的生活与选择，不需要得到任何人的认可。"

"生存"一词，是否会让我们感到陌生？对于某些人来说，对生存的陌生和恐惧，已渗进日常生活的每一天，成为他们迫切想解决的问题。在这个世界上，"不被看到的恐惧"并不属于所有人。除了通过死亡勉强让自己的存在短暂地出现在大众视野，还有其他方法吗？韩国性少数者人权团体"多芽"（다음）[1] 于 2021 年展开的问卷调查显示，半数以上的韩国青年性少数者存在抑郁症状，而 10 人中有 4 人（41.5%）曾认真考虑过走向极端的实操行为，也就是怀有自杀意愿；而韩国全体青年的自杀意愿率为 2.74%，与前者相差甚远。觉得活着很难，难道是性少数者天生的特质吗？问题就出在社会对"这类人"的看法上。

边熙秀下士的遭遇只是冰山一角，只要还有人说"真可惜，不过因为他是跨性别者……"之类的话，遗憾就不会停止。

1　"다양성을 향한 지속가능한 움직임"的简缩，意为"为人类多样性展开的可持续行动"，文中为音译。

真正的善待是不求回报的善待。

——金贤京

人类学学者

第五张面孔

即使一家人都死去

"希望贫穷不会成为一种罪恶"[1]，

已故城北区母女四人

炸猪排是什么？

我上初中的时候，大部分学校都没有食堂，所以我每天都拎着饭盒上学。午餐时间的初中教室就是战场。小学的午休，老师会和学生一起在教室里吃饭，但上了初中，学生们都边逛边吃。几条"鬣狗"会先把自己的饭盒放在桌上，然后四下看哪个同学带了更好吃的小菜。要是这时谁喊了一声"炸猪排"，瞬间满屋子的人都会挤过去，桌椅哐当哐当响成一片。以上描述可能会引起不适，但想想公园里那些奔向饼干屑的鸽子，莲花池里扎堆游向面包屑的鱼儿，只能说学生和它们十分相似。

也有人很享受涌到自己面前的众人的恳切目光，他们会等到人快齐了才打开饭盒。或许是因为聚过来的同

---

1 母女四人的"无亲属葬礼"上，吊唁者写在一张便利贴上的句子。

学就像为了一口饭急得坐立不安的小狗，自己则成了悠然自得的主人。"区区一块炸猪排……给你们吃吧！"这种慈悲而慷慨的姿态，是有钱人与生俱来的从容。但在某些人的小小三格饭盒的角落，只有比较特别的日子才会出现几块用银箔包着的迷你炸猪排。如果打算独享，单靠观察周围动态是没用的，因为敌人太多了。只需几秒钟，五六块炸猪排就会无影无踪。对不是每天都能吃到炸猪排的人来说，这种瞬间大概充满了失落吧。

但是没关系，因为只要"施舍"过一次，就有机会把筷子伸进别人的美味小菜里，和其他人共同享有侵犯他人小菜的放肆权利，这是教室的法则。只不过，有些学生的饭盒里，总是只有泡菜拌苏子叶，其他同学就会经常对这些悄悄伸手夹肉的家伙喊："喂！做人要有良心啊！"

在很多人心中，带盒饭的学生时代就是愉快的少年时代。但仔细想想，当年的教室与真实的丛林并无差别。不是指大家守护、捕获小菜的攻守之激烈，而是指学生们每天都要公开由自家的经济条件直接决定的伙食水平，而所有人对这种残忍不以为然。在人人都平等地贫穷的时代，学生们通过"能否每天带饭盒"公开各自的家庭情况。后来，小部分人迅速跃入中产阶层，学生带的小菜也开始两极化。也许有人会说，如果父母爱孩子，就不该在带饭盒这件事上凑合。但现实是残酷的，大部

　　　　　　　　　　　　　是我的错吗？

分家庭仍要每天根据子女人数精打细算。区别甚至体现在饭盒的样式上，是的，即使是在我上小学的 20 世纪 80 年代，能在冬天提着保温饭盒上学的学生也并不多。当时的学生通过饭的冷热"一决胜负"。

学校供餐制，也就是食堂的普及，一下子解决了这个问题。全体学生都吃同样的菜式，虽然会有人大喊着吃自己想吃的东西才是自由，但因为社会越来越重视饮食的营养均衡，所以在学校供餐制的普及过程中，没有出现太大的争议。仔细阅读每所学校食堂公开的菜单后，大家就会发现，带饭盒的时代已经彻底成为历史。跟我上学的时候相比，供餐制一定程度上缓解了学校内的不平等现象——炸猪排已经不会伤害到大家的自尊心了。

但只要学校还在收餐费，问题就不会消失。虽然很多人会认为既有的收费水平比较合理，但仍有学生负担不起，也仍有人在问"是谁交不起餐费"。即便社会各界为此付出诸多努力，"交不起餐费的人"这个标签还是诞生了。当有人窘迫地坦白自己的生活状况时，某些人却用餐费嘲笑他们的苦难。

21 世纪初，韩国部分城市开始试行供餐制；2010 年，供餐制开始在全国范围内普及。当时的首尔市长表示反对，他以市长职位为赌注发起了居民投票，最后只能辞职，该事件甚至成为当时的热门话题。根据新市长的决定，韩国自 2011 年起，以首尔市公立小学五、六年级的学生为首批对象，正式实施供餐制；第二年，供餐制的对象扩大到了所有公立小学和初中一年级的学生；2014年，供餐制的对象还只是全体中学生；2021年，首尔在所有的小学、初中、高中都实施了供餐制。大力推行供餐制后，午餐时间的不平等问题才得到了解决。此外，韩国所有学校都不再需要额外支付餐费，父母就没有必要再去考虑究竟选择哪所学校、支出多少学杂费的问题了。

也有些人认为，供餐制无法真正帮助到无力支付餐费的人，只是无限制地让每个人都享有免费的餐食，是共产主义的表现；还有人认为，让财阀家族的后代也享受免费餐饮就是不公平的。但正因如此，免费供餐显得更为必要了，还能有效减少"你是靠有钱人才能吃上饭"的标签蔑视。学生的家庭再富裕，也很难因"多亏有我你才能吃上饭"而感到优越；相反，接受帮助的人也不必因"负债意识"变得过于谦逊。韩国仍然作为一个自由的民族国家正常运转着。

"要甄别补助对象，不要停止怀疑！"

要诚实，无论发生什么事都要充满自信地活着，要懂得施与，无论再忙再辛苦，也不能无视他人的痛苦……这些优美的语句经常被大家挂在嘴边，但践行起来却并不容易。实际上，这个世界……不，不敢说整个世界的情况，但至少在韩国，自信心是由事情的结果决定的，情绪跌落谷底的情况太常见了。如果自己又忙又累，别人再痛苦也会视而不见。因此，这类金句只有在那些无论发生什么事都能保持自信，又不会太忙的社会才有可能得到实践。

我认为，社会存在的理由之一，是为个人提供遵守常识的基础。为了扩大造福人类的精神，"人人爱我，我爱人人"的同时，也需要信任国家。也就是说，国家就算不能保障所有人的荣华富贵，也要让它的民众坚信，"不管是谁"，国家都不会令其陷入深渊。如果没有这种信任，人们就只能以"各谋其生"这种危险又冷漠的哲学宗旨生活了。

在电影《我是布莱克》（2016）中，善良的丹尼尔·布莱克做了一辈子木匠，邻居有困难时从不吝啬帮助。随着年龄的增长，他患上了心脏病，病情不断恶化，最终无法继续工作。他打电话向国家申请疾病补助，但接通政府机关的电话就花了一个多小时。对于一个靠手艺维持生计的人来说，无法继续工作是件非常痛苦的事情。然而，负责人却提出了一连串奇怪的问题来确认他是否真的生病，例如"是否能举起手来""是否能站起来"，等等。同时，他们还判定丹尼尔的病不属于绝症，不能认定为补贴对象，宣称"根据医疗专家的诊断，此人具有工作能力"，叫他不要再装病了。

即使如此，丹尼尔也要想办法生存下去。他申请了失业补贴，但是申请材料和手续依然非常复杂。更糟糕的是，准备材料需要电脑操作，这对习惯使用铅笔的老一辈人来说是个十分残酷的挑战。面对不断弹出的"错误"提示框，丹尼尔感到非常焦急。一位员工前来帮忙，却被上司指责，叫他不要留下不好的先例。公务员们一副高高在上的样子，怀疑这些申请补助的男性只是一些不具备资格、只想拿钱的无耻之徒。审查官威胁他，如果他不能证明自己正在主动求职，就会被排除在援助对象之外。

这部电影毫不掩饰地批判了选择性福利系统存在的问题，并获得2016年第69届戛纳电影节金棕榈奖。英国在1601年颁布了《济贫法》，成为世界上最早确立社会福利概念的国家。自1946年起，英国国家医疗服务系统（NHS）开始实行免费医疗制度，但该制度也不断引起争议。有人认为，这将导致人们不再努力工作，过度依赖福利体系生活。在这种氛围下，该制度逐渐演变得不再适用于所有人。为了确保资金的有效使用，申请援助的审查过程变得非常严格。在寻找"不合格者"的过滤器中，只有未被门槛过滤掉的人才能获得这种恩惠。福利系统的甄选过程虽然旨在让真正的弱势群体获得应有的福利，却令当事者感到困惑。他们不确定甄选系统的目的到底是帮助他们，还是找出不良分子。在这个过程中，福利制度本身侵犯了人的尊严。

尽管自身处境艰难，丹尼尔·布莱克仍会对邻居伸出援手。他始终保持着人性中善良的一面，甚至还鼓励那些因诱惑而动摇的人。然而，由于无法获得失业补贴，他陷入绝境，只能锁上门，盖着毯子躺在渐渐变冷的房间里。一天，一个人向他伸出了援手，这个人曾经有过和他一样的遭遇，邻居的帮助也让丹尼尔重新找回了生活的意志。为了重新获得福利领取资格，他踏上了漫长的审查之路。然而，在等待审查的过程中，他的心脏出现了异常，在法院卫生间晕倒，最终不幸去世。在他的葬礼上，曾经得到他帮助的人和曾经帮助过他的人一起朗读了他在法院开庭当天想要说的话：

> 我不是懒虫、骗子、乞丐或小偷……我一直默默承担自己的责任，过着堂堂正正的生活。我从不屈服于压力，邻居有困难时，我会尽力帮助他们；我从未向别人乞求什么，或依赖社会慈善。我是丹尼尔·布莱克，不是一条狗，而是一个人。因此，我要求我的权利，要求被尊重。作为一个公民，我既不高人一等，也不低人一等。

"太累了。我们去天国了。"

除了交通事故、战争，以及地震或山体滑坡之类的自然灾害，很难想象能让一家人全部身亡的灾难。事实上，在"一家人集体自杀"的案件中，更多是父母因为对生活感到绝望，选择杀害未成年子女后再自杀。但是，如果这一家人都是成年人，情况就不同了。人们只能艰难地得出一个结论：在一个共同的苦恼下，全家人选择一起结束生命。虽然每个人对现实和未来的担忧程度都不同，但这个家庭却克服了种种困难达成了"共识"。在韩国社会中，这种情况经常发生，因为客观存在的困难已经超过了主观上的希望。

2019 年 11 月，首尔城北区一座多户型住宅[1]透出一股恶臭，警方在接到报警后赶到现场，发现了母女四人的尸体，70 多岁的老母亲和 40 多岁的女儿们并排躺在地上，死亡时间已经超过一个月。警方没有发现任何外部入侵或内部争执的痕迹。从她们的年龄来看，她们在生前应该遇到过数千人，电话本中也应存储了数百个联系人，但这一家人却没有建立任何人际关系。没有任何人对她们的失踪感到担忧。虽然警方联系到了她们的亲戚，但亲戚也因经济原因拒绝处理尸体，最终只能为她

1　韩国多户型住宅的特点是在较小的空间里可以居住更多的人。

们办一场"无亲属葬礼"。她们留下的遗书很短，但明确表达了自杀的原因："这段时间太累了。抱歉。我们去天国了。"

社会福利这个雷达系统没有发现任何危险迹象。虽然人们普遍认为，"她们弱势，所以才会做出如此令人遗憾的选择"，但实际上，她们并没有被包含在弱势群体的定义中。令人沮丧的是，在韩国的福利体系下，弱势群体如果没有向外界告知并证明其困难情况，就很难得到任何社会层面的帮助；如果不去"亲自申请"，公务员就无法为其做任何事情。然而，向外界讲述自己的悲惨处境，还要面对侮辱性的提问，不是每个人都有这种勇气，这也是人们回避福利体系的原因。在这种情况下，不是低保户的母女四人，并非人们关注的首要对象。虽然她们拖欠了电费和健康保险费，但这并不足以让公务员担心她们的生死，政府也没有足够的人力来解决问题。

但标准就是如此。两个女儿是小饰品个体户，经营网店却销量不佳，业务面临困境。由于她们还有收入，所以很难获得国家认证的低保救济——即便这个家庭只是在勉强支撑而已，经济上一旦遇到困难，她们的生活就会像多米诺骨牌一样连连崩溃。

"城北四母女事件"与2014年2月发生在首尔松坡区的母女三人集体自杀案件（60岁的母亲、35岁的大女儿、32 岁的小女儿）十分相似。这名母亲在饭店工作，大女儿因病无法从事任何经济活动，而小女儿一直想成为漫画家，却没有收入来源。尽管这是一个贫困家庭，但由于母亲的工作可以养活女儿们，所以无法获得国家的帮助。同时，大女儿又被福利体系认定能够从事经济劳动，所以她们无法依靠任何福利制度。在母亲因伤无法出门工作后，整个家庭瞬间崩溃。由于欠下大量债务，她无法轻易前往医院，又因没有经济来源，于是债务越滚越多。母女三人在离开人世前，将欠下的 70 万韩元的公共税金[1]和房租装在信封里，留下了一张便条给房东，上面写着："这是最后的房租和公共税金，请原谅我们。"

她们临死前，仍然想着公共税金。这意味着，她们没有放弃作为公民和邻居的责任，一直坚持到生命的最后时刻。该事件向我们传达了一个信息：福利不应该仅仅提供给那些被认定为人生已经跌入低谷、无法自救的人。我们不能只给他们一些零花钱，让他们不要挨饿就可以了。仅依靠几个数字就完成的福利是一种错觉。有些贫困是无法仅凭几张材料或几个单纯的数字证明的。松坡区母女三人留下的便条足以让人们意识到，这些看似平凡的人可能正处在非常危急的状况中，而体制无法

1　指国家或公共团体向国民收取的各种税款，包括财产税、汽车税、电费、电话费、赠予税等。

及时捕捉到他们的危机。

这个事件在当时备受关注，韩国政府将指标细分得更加多样，并扩大了福利范围，以此来消除福利死角地带。他们制订了 29 个指标来判断家庭遭遇危机的程度，包括滞纳税款、断电、中断供暖等，但这些指标构成的新体系在 5 年后仍然没有接收到城北区母女发出的危险信号。因为在韩国的福利体系中，只有拖欠 3 个月以上的公共税款才会引起关注，而母女四人只拖欠了 2 个月。

韩国现行的福利制度只关注那些已经落水的人，然后根据他们"浸泡"的时间来决定救援力度。在这种情况下，福利系统无法发现那些潜在的"危险家庭"。为了消除福利制度中的漏洞，人们努力编织一张细密的网，但无论如何都会再次出现新的漏洞。福利制度同意为收入低于 100 万韩元的人提供支持，但这并不意味着他们也会支持收入为 110 万韩元的人。

是时候讨论普遍性福利制度了

如果这种案件只是偶然发生一次，那么很难归因于福利体系。在韩国，许多人都因生活的艰难感到绝望，与家人一起结束生命的情况屡见不鲜。城北区母女四人和松坡区母女三人之所以受到大众关注，是因为她们都是成年人；而未成年人和父母一起身亡的新闻已经不再令人惊讶。这种情况已越来越普遍，对于一些人来说，这种令人遗憾的死亡只不过是发生在世界上的一个小小片段而已。但我们应该思考的是，是什么导致这种"常见"成了"常态"？无论人们因何被逼至悬崖边缘，只要他们还活着，社会就应该帮助他们继续生存下去，这才是社会存在的意义。

只有被认定为弱势群体的人才能获得福利体系选择性的帮助，只有通过资格审查的人才能继续维持生活。为了生存，人们必须"变得"更加凄惨和卑怯，降低自尊，而很多人因厌恶这个过程，干脆放弃了申请。福利制度以申请为主要触达手段，也必然会存在不合法领取者，而这些人被揭发后，民众的不满情绪又不断增加。还有人认为，在筛选和核查身份上花费的资金是一种浪费。

"城北四母女事件"揭露了选择性福利体系把卑躬屈膝作为前提，有关普遍性福利制度的争论再次引起了人们的关注。就像前文提到的免费供餐制，普遍性福利制度在十年前就成了韩国社会的热门话题。很多人担心普遍性福利制度会颠覆现有的选择性福利体系，导致人们不再关注和支持贫困阶层，但实际上并非如此。讨论普遍性福利制度是为了从多角度思考如何填补福利盲区，而不是将所有领域都纳入普遍性福利制度。

普遍性福利制度的出发点是解决贫困问题，但要实现这一目标，必须强化其在日常中的公共性。就像落水的人需要救援，但更重要的是未雨绸缪加固冰面。因此，我们应该上调最低工资标准，督促公司遵守规定，创造出更好的社会环境。只有这样，才能减少那些处于人生崩塌边缘的人。与其去寻找那些连最低工资都挣不到的人，不如从实际出发，解决根本问题。

有关基本收入制度的争论也值得关注。基本收入制度是一种不问国民是否有资格，保障国民享有一定金额收入的社会保障制度，具有一定的激进性，也有众多国家在以各种方式进行试验。当然，该制度在制订具体方案、筹措资金时可能会产生副作用，也需要进行充分的讨论。由于还处于试验阶段，也存在很多反对的声音。有人认为，将基本收入视为普遍福利，仅凭这一措施就能使国民的幸福指数急剧上升。有关普遍福利制度的讨论已不可避免，同时也不能忽视另一话题——现有福利系统存在的局限性。

KBS 电视台节目《时事直击》调查显示，2020 年韩国发生了 4196 起"孤独死"案件，这些案件中的尸体已经腐烂到了无法修复的程度。过去，"孤独死"往往发生在老年人身上，但现在，30 岁以下的年轻人"孤独死"的比率已经骤升至 10%。为了减少这类令人遗憾的事件，我们必须尝试做些什么。如果将生活水平分为1~10的不同阶段，当某人的生活水平从10下降到1，要首先将其生活水平提升至2，这也是选择性福利的基础。从10降到1的过程中，除了生计的困难，人的意志也会崩溃，逐渐对生活失去信心。于是，有些人在2、3阶段就已经放弃了希望。但如果能够坚持到4、5阶段，就有可能通过自己的努力重新走向6、7阶段。保障基本收入的意义就在于拯救任何一个可能会因为生活水平下降、陷入困境的人，而不是等一个人的生活水平降到最低线以下才去衡量原因，提供选择性福利援助。

2021年，首尔市议会进行了一次投票，评选出"改变市民生活的最高条款"，即"免费供餐条款"（正式名称为《环保学校供餐等支援条款》，制订于2010年12月）。由于该条款只是让学生在午餐时间吃饱，有市民认为这不能算让他们的生活发生了实质改变。通过这次有关免费供餐的争议，人们理解了存在已久的选择性福利问题，认识到普遍性福利制度成为时代性课题的必要性。这一制度如此具有哲学性，无论是否与个人相关，它都能直接改变人们的生活体验，正如《大韩民国宪法》第10条规定：

> 所有国民都拥有作为人的尊严和价值，同时也拥有追求幸福的权利。国家承认每个人都拥有不可侵犯的基本人权，并有责任对其进行保障。

故事仍未结束，
他们的死无人知晓

进入 21 世纪后，"孤独死"逐渐成为社会问题。"孤独死"和"无亲属死亡"的数量每年都在增长。[1] 大多数"孤独死"的人都属于身患疾病、艰难求生的低收入群体。"孤独死"或"无亲属死亡"变得不再新奇，也发生得越来越频繁。人类的平均寿命一直在延长，癌症的治愈率也越来越高，这已经是不争的事实。然而，还是有越来越多的人过起与世隔绝的生活，无法接受必要的治疗，最终悄无声息地死去了。这是为什么呢？

随着社会剧变和时间推移，社会政策的效力就会降低，意想不到的变数也会出现。尽管"一人户"早在很久以前就存在，但其数量增长之快仍然让人惊叹。老年"一人户"的隐患也在倍增，仅在三四十年前，老人们还认为由子女赡养自己是理所当然的，但现在情况已发生改变——变的不是人们的心态，而是社会结构。

新冠疫情使得面对面的交流变得更加困难，在这种情况下，选择性福利体系就需要判断谁的情况更为危险。

---

1 韩国保健福祉部资料显示，"无亲属死亡者"人数自 2012 年的 1025 名开始不断增加，至 2021 年达到 3159 名，增幅超过 2 倍。目前尚未有专门针对"孤独死"的官方统计数据，一般是通过"无亲属死亡者"的数据资料推测"孤独死"的规模。

但是，如果我们只帮助那些收入减少了 50% 的人，那么收入减少了 49% 的人就会被忽视。所有迹象都表明，现有福利制度存在局限性。福利制度不仅应该帮助那些已经坠落的人，还应该考虑如何防止人们坠落。

相信市场总是公平的，相信它会容忍我们，并带给我们高效的结果——这种信任是不合理的。

——阿比吉特·班纳吉、艾丝特·杜芙若

2019 年诺贝尔经济学奖获得者

第六张面孔

即使信任国家

"我的身体就是证据"[1]，

已故加湿器杀菌剂受害者○○○○名

绝对的自由真的存在吗？

药理学家弗朗西丝·奥尔德姆·凯尔西（Frances Oldham Kelsey）于2015年8月7日去世，享年101岁。全球媒体纷纷为她送上悼词，称她为"20世纪的美国英雄"。1960年9月，她作为美国FDA（食品药品监督管理局）新药审查官，发现新药Kevadon的使用批准文件存在问题，要求制药公司进行追加试验。该药品的主要成分沙利度胺（Thalidomide）自1957年起就以"反应停"（Contergan）的商品名面世，还因其出色的助眠、镇静和抑制妊娠反应的效果在欧洲广受欢迎。然而，凯尔西博士坚持认为，妊娠期女性服用该药物会伤害胎儿。制药公司对此感到困惑，因为动物实验结果显示该药品没有毒性。

1　加湿器杀菌剂受害者曾经的口号。

沙利度胺进入市场后5年间，有1.2万名新生儿的心脏和大脑等器官出现了各种不同程度的病症，更为严重的是，这些婴儿都四肢短小，或没有四肢，或耳目口鼻发生变形，这些畸形儿被称为"沙利度胺宝宝"，震惊世界。凯尔西也因其阻止沙度利胺进入美国的义举被人们赋予"英雄"的称号。

该事件说明，自由经济需要一定程度的限制。"公务员过于谨慎，破坏了自由市场经济秩序，浪费了企业做出的努力，导致许多需要药物帮助的人继续忍受疼痛……"在当时诸如此类的舆论压力下，凯尔西仍然坚守原则，让全世界认识到，自由的市场经济并不意味着保障所有的自由。

然而，美国虽然会对从其他国家引进的药品持怀疑态度，但不会干预本国企业的不良行径。美国杜邦公司擅自使用了对人体和环境有害的化学物质全氟辛酸（PFOA），而美国政府在数十年间都对此视而不见。全氟辛酸是聚四氟乙烯涂层剂的核心原料，该涂层剂曾在第二次世界大战时用于防止坦克等军备武器的腐蚀。战争结束后，杜邦将其应用于宇航服、包装纸、微波炉等领域，其中带有聚四氟乙烯涂层的不粘锅因其耐热性和光滑度备受欢迎。然而，工人在生产过程中开始出现恶心和高烧的症状。早在20世纪60年代，美国杜邦公司就已经意识到这种化学物质的危险性，但不仅没有告知

是我的错吗？

工人，还将工业废弃物排放到江河里。

问题开始在各地相继爆发。接触到全氟辛酸的工人们生出了畸形儿，工厂附近村庄的居民患癌率急剧上升，孩子们的牙齿变色，家畜接连死亡，甚至石头和树木也发生了变异。杜邦公司还在试图掩盖，偷偷将女性工人排除在生产线之外，甚至为了搞清楚其有害程度，把涂了聚四氟乙烯的香烟偷偷分发给工人。

电影《黑水》（2019）讲述了一个由真实事件改编的故事：律师罗布·比洛特追踪杜邦公司长达20年，揭露了该公司向全世界150个国家输出有害产品的事实。电影中比洛特问道："如果饮用水来自被全氟辛酸污染的水源，会有多危险？"专家回答："相当于吞下一整条轮胎。"全氟辛酸具有稳定的化学结构，不易分解，会残留在人体内。99%的美国人血液中都含有这种物质，韩国人也不例外。《朝鲜日报》1999年6月17日刊第14版登载了韩国杜邦分公司总经理的讲话："作为一家环保企业，我们希望让韩国国民看到杜邦的良好形象。"他们以亲切的姿态向我们靠近，使用"无处不在"（It's everywhere）的广告语强调杜邦产品的普及程度。也就是说，人们正生活在一个充满有毒物质的世界中。

企业利用法律漏洞在消费者身上进行"人体实验"，为什么没有受到惩罚呢？实际上，杜邦公司没有逃跑的必要，因为根本就没人抓他们。法律之网本身就不够严密，所以杜邦并不需要要什么手段。那些仍然相信自由市场经济的人可能会问，如果不控制产品中的有毒物质，消费者肯定会拒绝购买，最后企业就会被市场淘汰，何必冒这个险呢？企业之所以会不计后果到如此丑陋的程度，正是因为国家给了他们"就算这样任意妄为也不会受到惩罚"的信号，这让人感到非常沮丧和愤怒。这不仅仅是我的个人感受，看过电影《黑水》的韩国人都会想起另一起同样令人不安的惨剧。

加湿器释放的有毒气体

1996 年 7 月，一名儿童因出现肺炎症状被送往首尔市一家大型医院接受治疗，病因不明。然而，该患者的症状比普通肺炎更为严重，即使以如今的医疗条件治疗也很难治愈。随后，每年都会有一两名儿童因相同症状住院，感到疑惑的医生收集了 2007 年 2 月之前的所有案例，并在大韩小儿呼吸器官过敏学会发表了题为《关于 15 例特发性间质性肺炎的临床研究》的论文。

从另一篇论文的题目中也可以看出当时的紧迫状况，该论文由大韩少儿青少年科学会发表，题为《2006年初流行的小儿急性间质性肺炎》。该论文提到，该例急性间质性肺炎患者的死亡率接近 50%，15 名入院儿童中有 7 名儿童死亡，且这种不祥的状况仍在持续，而原因不明——这简直是医生最害怕得到的结论。在经检测排除了新型病毒的可能后，医生们另辟蹊径，找到了另一条线索：每当干燥的冬天过去，也就是春天到来之时，这种重症肺炎患者就会出现。

2011 年 3 月初春，首尔峨山医院内弥漫着一种奇怪的气氛。7 名患者因肺部硬化、呼吸困难住院，其中一名还未接受治疗就去世了，患者都是孕妇或产后女性。为什么只有韩国发生了这种事情？如果这种奇怪的情况只在韩国发生，那就代表致病因子仍然隐藏在社会中。2011 年 4 月 25 日，医疗小组向疾病管理本部报告了这一事件。

2011 年 5 月 11 日，韩国疾病管理本部公布了检测结果，在 6 例急性间质性肺炎中，有 5 例未检测出病毒。为找出致病因子，患者及家属接受了流行病调查，疾病管理本部一再确认他们的行踪、饮食、社交活动等；同年 8 月 31 日，疾病管理本部证实，加湿器杀菌剂是导致原因不明的肺炎症状的真正罪魁祸首。加湿器杀菌剂使用者肺部受损概率高于一般人群 47.3 倍。超市里就能买到的杀菌物质竟一直在杀人，多么荒唐。2011 年 11 月 11 日，保健福祉部下达了强制回收加湿器杀菌剂的命令，并劝告全体国民停止使用，但这只是江心补漏而已。

根据社会惨案特别调查委员会的统计，有 22% 的韩国国民使用过加湿器杀菌剂，达 1087 万人。[7]截至 2022 年 3 月 31 日，已有 7685 人向韩国环境产业技术院运营的"加湿器杀菌剂受害综合支援中心"申报受害情况，其中 198 人撤回了申请，受害死者达 1751 人。但学术界认为这只是冰山一角，以申报时间为基准，最早的死亡案例发生在 1995 年，一位刚失去孩子 1 个月的母亲回忆道："孩子一出生就感冒了，于是我们日夜开着加湿器，还用了'加湿器伴侣'[1]，但孩子的鼻涕还是很黄，我们就去办住院手续了，没想到孩子当天就走了。"[8]由于是二十多年前的事，除了记忆，她没有其他证据。

恐怕有很多人因为想不起曾使用的杀菌剂产品名称而没有申报。此外，如果医院或办公室等地使用了，许多人甚至不会发现自己曾经暴露在有害的空气中；即使有些患者或上班族记得曾使用过加湿器，但没人能确定是否使用过杀菌剂。那些认为自己的症状属于哮喘或鼻炎等呼吸系统疾病、没太在意的人，根本没有想到加湿器杀菌剂才是罪魁祸首。由于使用杀菌剂的频率、加湿器影响的空间，以及住所换气条件的不同，有人立刻死去了，而有些人正在慢慢死去。

---

1 加湿器伴侣是一种加湿器杀菌剂的产品名。

韩国广播通信大学环境保健系李景木教授以韩国5000户居民共15472人为对象展开调查和运算，其发表于2020年的论文《加湿器杀菌剂污染情况和受害规模推算》显示，约95万人的健康状况受到损害，死亡人数达到2万；仁荷大学的林钟汉教授也做出了类似推测，他发现近年全球范围内肺炎死亡人数呈下降趋势，但只有在韩国人数激增，他推测1995年至2011年，韩国因肺炎死亡的7万人中有2万人为杀菌剂受害者。[9] 虽然该文的题目"已故加湿器杀菌剂中毒受害者○○○○名"没有明确数字，但达到上千人是非常有可能的。

每当看到这些数据，我都感到心痛。孩子出生后，加湿器和杀菌剂一直是我们家中的必备品，只不过我们用得没有那么频繁。但有些家庭并非如此。希望加湿器的水质更干净的人，在干燥环境下感到不适、想提前防护的勤劳的人，因此生病，死去了。

国家的松懈，企业的傲慢

"国家会保护全体国民的健康"——出自《大韩民国宪法》第36条第3项。加湿器杀菌剂的潘多拉盒被打开，揭露了韩国政府玩忽职守的事实。实际上，早就有人提出，杀菌剂中的化学物质有毒性，只能用于水箱清洗或杀虫，任何人都不该将其与水混合，让它进入人体。早在20世纪90年代初，美国社会就达成了共识：使用超声波加湿器时只加纯净水，不可掺入其他物质。然而，韩国政府从未怀疑那些为了利润不断"创新"的企业，也没有要求对其产品进行额外试验。他们认为化学物质的残留无可厚非，只要遵守"不可饮用"或"不可接触皮肤"等警告，就不会有大问题，却忽视了化学物质被吸入体内时的危险性。如果政府不进行任何限制，企业并不会特意花钱去保证消费者的安全。惨案就是从这时开始的。

"加湿器伴侣"可清除加湿器内的细菌。研究表明，如果加湿器两天没换水，就会导致细菌繁殖，对健康产生危害。以容量2升的加湿器为例，1袋"加湿器伴侣"可以使用23次。

在《韩民族日报》1994年11月28日的报道中，使加湿器排放毒气的杀菌剂被描述为一种合法的新商品，消费者自然对它的安全性毫不怀疑。企业投放的广告语也令人震惊，他们声称这款产品可以去除霉菌和水垢，还兼具环保性，有"森林浴"的效果，"吸入安全，老幼安心，父母放心"。这款产品早在2012年就被判定有毒，但公众直到2021年8月30日才知晓，这期间到底发生了什么呢？

国家的执行力十分低下——2011年8月意识到加湿

器杀菌剂存在问题，11 月才开始实施回收措施，12 月
31 日规定只有获得食品医药品安全认证的杀菌剂才能
在市场流通；2012 年，公平交易委员会完成了对虚假和
夸张广告的审查，7 月才完成对销售公司的制裁。然而，
在此期间，有人不断在死去，仅从超市里回收产品是不
够的。事件曝光初期，政府表示这是企业和消费者之间
的问题，并未受理受害者的申报。而日常疲于奔命的人
们很难及时看到新闻报道，于是又继续使用了好几年的
杀菌剂。应该在国会召开听证会或公审会的主张，也因
当时和该企业交好的众多政党的反对而未能实现。即便
听证会顺利召开，也会因一方拒绝参加而变得毫无意义。
2016 年，检察机关才成立专门的搜查组；2017 年，国
会才通过了援助受害者的相关法律。

涉事企业既傲慢又自大，从未真心向受害者道歉，
一直推卸责任，在法庭上掩盖事实，嘲弄受害者，声称
肺部疾病可能由沙尘暴、雾霾导致，不能草率认定是杀
菌剂造成的。此外，他们还要求进行试验，贿赂主持试
验的教授，以获得对企业有利的结果。阴谋败露后，这
名教授企图销毁证据，在硬盘上钻了一个洞，还试图藏
起笔记本电脑。最后，他于 2017 年被最高法院判处实刑，
多名造假主使也在 2020 年、2021 年分别被最高法院判
处实刑。

所有的痛苦都由受害者及其家人承担，为了得到道

歉，他们到处诉说冤情，甚至在跨国企业的海外总部举行了示威活动。英国《卫报》关注了此事，并在2015年5月24日发布了标题为《我们不会对有毒物质导致的死亡道歉》的报道。直到2016年5月2日，当检察机关即将展开调查时，已售5455940瓶加湿器杀菌剂的利洁时韩国分公司（Oxy Reckitt Benckiser）的相关人员才正式道歉。

因为很难证明自己曾使用过加湿器杀菌剂，受害者获得赔偿的过程也非常艰难。为了找到曾装有杀菌剂的空瓶或购买杀菌剂的小票，受害者们不得不四处奔波；他们翻着手机相册，回想着是否偶然拍过杀菌剂产品的照片，即使如此也不一定能获得认证。

截至2022年3月31日，仍有很多人在等待认证。7685名申请者中，有4291人获得了国家的支持。然而，支持政策按等级划分的规定引发了很多争议。数千人未被纳入支持范围，仍然需要自己承担所有治疗费用，有人已经在肺移植手术上花了1亿韩元。2021年，环境部进行仲裁，成立"加湿器杀菌剂受害者赔偿调解委员会"，委员会在2022年3月提出调解方案，但由于过度细分受害者，受到了大众的批评。更严重的是，两家公司拒绝实施最终方案，导致事件陷入僵局。

韩国司法部的处罚也不尽如人意。加湿器杀菌剂使用的化学物质包括聚六亚甲基胍（PHMG）、苯氧乙醇

（PHG）、氯甲基异噻唑啉酮／甲基异噻唑啉酮（CMIT/MIT）等。其中，15 名企业相关人员因使用聚六亚甲基胍和苯氧乙醇被最高法院判处有罪，其他大部分人被判 2 年至 5 年有期徒刑，利洁时韩国分公司前代表则被判有期徒刑 6 年。然而，使用氯甲基异噻唑啉酮／甲基异噻唑啉酮的公司相关人士却以"无法明确证明其对人体有害的因果性"为由，被判无罪（因不满 2021 年 1 月一审判决结果，受害者 2022 年继续上诉）。很多人认为这一判决对企业毫无影响，专家批评法庭错误分析了仅依赖于动物实验的研究结果，受害者则举着"我的身体就是证据"[1] 的告示牌进行抗议。

人民只有在拥有自由和正义后，才会表现出忠诚

电影《国际市场》（2014）展现了 20 世纪 70 年代的真实韩国。升旗仪式上播放爱国歌曲时，夫妇必须停止争吵，把手放在胸前跟唱。在那个时期，国民必须高呼自己对国家无条件忠诚，甚至在看电影前，也必须遵守国民礼仪[2]。这项"国家赞颂"制度直到 1989 年才被

---

1 这也是受害者们以作者身份参与出版的书籍标题。加湿器杀菌剂受害者著，《我的身体就是证据》，故事策划者，2021。
2 指在国家仪式中国民应该遵守的礼仪，比如向国旗敬礼和唱国歌等。

废除。20 世纪 90 年代，也曾经出现过向国旗宣誓"为了祖国和民族的无限光荣，鞠躬尽瘁，尽忠职守"的时期。之所以如此强调"精神一致"，是因为相比于军事独裁时期，国家更希望人们记住经济腾飞的成果。

2007 年，"为了祖国和民族"这句粗制滥造的誓词被改为"为了自由和正义的大韩民国的无限光荣"。这个小小的改动蕴含着深刻的意义：如果国家无法实践自由与正义的标准，那么国民的态度就应该是批判而不是忠诚；国家不应强制要求国民的信任，不应偏袒任何一方，而是应将自由和正义的哲学反映到政策中，以此获得国民的信任。

只有在民主主义的框架内运营市场经济，才能实现人人都拥有自由生活的权利、尊严不受侵犯的正义。任何人都可以做生意，但是必须遵守规则，如工作时长和最低工资标准等，也不能想卖什么就卖什么。如果市场自由的实行破坏了某些人的尊严，国家就应该对其进行限制，即使是那些韩国代表品牌或企业，因为这并不比人的生命更为重要。

"企业的自由经济活动"缺乏明确的意义。有人认为，国家有责任保护这种"自由"，但这并不合理。社会不可能成为市场经济本身，资本主义只是一种经济体制，不能代表整个社会共同体的价值。我的一些学生也无法立即理解"社会不可能成为市场本身"，他们似乎认为资本主义从一开始就存在于社会之中。

在韩国，人们把"限制"解释为阻碍企业发展的消极因素。企业家向总统诉苦，强调产品需要提交大量资料并遵守严格的标准才能得到认可，媒体会将这种苦恼包装成需要立即解决的弊病，批评公务员的拖拉。当然，分辨出无法适应时代变化的无用标准也很重要，但是盲目地将限制视为"浪费"，真的会为共同体带来好处吗？

最后，让我们来分析一下，国民对国家失去信任时，社会将发生怎样的变化。国民如果不能在信任国家的基础上购买商品，就会逐渐不安。每次购买清洁用品时都会查一查成分，也很难进行逻辑性的思考。加湿器杀菌剂事件发生后，即使商品经过彻底验证，化学成分符合标准，消费者仍会保持敏感，因为他们开始对所有非自然的东西都怀有恐惧，甚至出现了仅凭湿巾和牙膏中的成分名称就声称企业欺骗消费者、开展抵制运动的现象。曾经人们相信国家拥有最专业的运营系统，一旦国民对此感到失望，就会越来越不相信"专家"，从而做出一些不理性的决定。

当信任被破坏，阴谋论就会蔓延。拒绝接种疫苗就是例子，一些父母认为制药公司隐瞒了疫苗的副作用，拒绝为他们的孩子接种疫苗。相对于对化学物质的莫名恐惧，只要打上"环保""天然添加物"的标签，再普通的商品也会被包装成能治疗各种疾病的良药，最终演变成一场"热销闹剧"。"天然"不一定意味着安全，但贴上这个标签后，人们会感到安心，这已然成为一个恶性循环。追求安心，也会导致苛求情结，人们开始习惯杀菌、消毒、除菌和防菌[10]。可悲的是，正是由于人们追求健康的生活，才会产生对加湿器杀菌剂的需求。这也意味着，第二次、第三次加湿器杀菌剂事件随时可能爆发。

故事仍未结束，
3D 打印机中检测出的致癌物

一位年轻的科学教师因患上罕见肿瘤不幸去世。接着，同一学校里使用 3D 打印机的另一位同事也患了相同的病。此外，其他使用该打印机的教师也出现了相似症状。2014 年至 2020 年间，韩国有 5222 所学校共购入 18324 台 3D 打印机，普及率达到 43.45%。如果政府提倡的机器也可以成为"患癌的理由"，这就代表着这个社会严重缺乏体制上的规范。

2020 年 8 月，媒体报道了这起事件，但该事件是否会得到明确解决仍是个疑问。检查人员在 3D 打印机使用的通用材料丙烯腈 – 丁二烯 – 苯乙烯共聚物（ABS）等中检测出致癌物。教师们患上了肿瘤或乳腺癌，还有的人自主神经系统出现了异常反应。政府对此置若罔闻，仅表示"调查还在进行中"。受害者们开始等待工伤认证，一年过去了，没有任何结果。于是，5275名教师提交了请愿书，敦促政府尽快进行认证。即使最终得到了工伤认定，在可靠的补偿方案下达之前，遗属和受害者的心情也难以用语言来形容。

一位获得第53届韩国记者奖的记者在对该案件进行深入报道后表示："我们的目标，是揭露政府在产业法则的掩盖下隐瞒安全问题的恶行。"[11]

第二部分　反复记号[1]

我们已习惯遗忘

1　指乐谱中表反复的记号。

爱被废除了，以健康的名义。

——《爱被废除了》（ *Si è abolito l'amore* ）

吉奥乔·阿甘本作于 2020 年 11 月 6 日的诗

第七个事件

我们变得更尖锐了 [1]

—"所有人都在同一艘船上" [2]，新冠疫情—

"浩然正气"变成"各谋生路"

2019 年 12 月，某个家庭发生了如下的对话：

上高一的女儿　我做了职业适配测评，他们说我更
　　　　　　　适合从事艺术类的工作，公司职员
　　　　　　　或公务员的工作不是很适合我。如
　　　　　　　果专注于自己喜欢做的事情，生活
　　　　　　　满意度也会提高。

妈　　妈　　　我女儿从小就很特别呢。其他孩子
　　　　　　　谈论职业规划时，你的梦想却是过
　　　　　　　上简单快乐的生活。

上高一的女儿　但我有时还是会担心未来。如果找

1　引自《京乡新闻》2020 年 3 月 8 日刊。
2　引自斯拉沃热·齐泽克的著作《疫情恐慌：新冠病毒如何震撼世界？》第 1
　章的标题。

不到稳定的工作，就无法做自己想做的事情，这很现实。

妈　　妈　　当然，如果不必担心钱的问题当然很好。但更重要的是，你的人生应该由你自己选择。父母不会干涉你做出的任何决定，去做自己想做的事吧。

　　这位母亲真是和蔼可亲。可一年后的 2020 年 12 月，她们又在谈论什么呢？

妈　　妈　　你会选经营管理系吧？毕竟其他文科专业就业难度很大。别忘了考试结束后立刻参加托业[1]补习班，社会就像战场，只有提前做好准备才能生存下来。

上高二的女儿　　（沉默）

妈　　妈　　也考虑一下考公务员吧，对女人来说，企业的工作也不太稳定。

上高二的女儿　　妈妈，我现在还只是高中生。

妈　　妈　　所以你才需要准备得更彻底，认真

1　即国际交流英语考试（TOEIC）。

思考如何才能过上稳定的生活，选择能够明确实现这一目标的工作。只要失足一次，人生就结束了。还不快打起精神来！

到底发生了什么事呢？直到 2019 年为止，父母从来不会干涉女儿的人生，女儿也一直在寻找能让自己怦然心动的事业。父亲是一名成功的话剧导演，经营一座剧场，并为自己从事的艺术行业感到自豪。母亲在一家知名旅行社工作了十多年，因能力出色而迅速晋升，她经常教导女儿，不要因为自己是女性就畏缩不前。

一家人在 2019 年的最后一天开了一场辞旧迎新的派对，三个人都很开心。爸爸的新话剧被评选为年度期待之作，妈妈收到了丰厚的年终奖金，女儿在作品征集大赛中获胜，即将开启欧洲博物馆之旅。他们互相恭喜，共同庆祝这个美好时刻，交换祝福，希望"2020 年也像今年一样度过"。电视正在播报新闻，但无人在意——

据中国中央电视台（CCTV）报道，近期中国湖北省武汉市出现原因不明的肺炎疫情，目前已发现 27 例病例，其中 7 例病情严重。

——MBC 新闻 2019 年 12 月 31 日报道

几个月后，一切都变了。相较去年，妈妈就职公司的营业额减少了 90%，由于经营困难，2020 年 10 月公司进行了裁员，裁员对象也包括在 2019 年被评为最优秀员工的妈妈。她只能在咖啡厅打工，拿基础工资，下班后继续找工作。爸爸的剧场自 2020 年 2 月演出中断后，就没有赚到一分钱，每月的租金最后都拖成了欠款。从那时起，爸爸开始服用抗抑郁药物。2022 年 1 月，爸爸终于结束了自己为之奉献了一生的艺术事业，开始在 Coupang[1] 物流中心工作。

生活的巨变导致家庭哲学也发生了逆转。父母在短时间内深刻体验到了人生的艰辛，因此首先改变了教育子女的态度。家训中的"浩然正气"不复存在，取而代之的是"各谋生路"。在用餐时间，他们不再谈论"不要拿自己和他人比较"的美德，而是开始警告子女，"这个世界就是弱肉强食，绝对不要相信社会"。他们对破坏日常生活的人充满恨意，会在看到确诊者公开的流调报告后骂他们"垃圾"，对每件事都挑剔、敏感和不安，迈出的每一步都如履薄冰。

1　韩国第二大的在线零售商。

歧视和憎恶越来越多了

2020 年，新冠疫情给世界带来了巨大的混乱，人们的日常生活被迫停滞。2020 年 3 月 11 日，世界卫生组织（WHO）宣布将此疫情的传染病警报等级定为最高等级 6 级，这是继 1968 年流感疫情和甲型 H1N1 流感疫情之后第三次出现最高警报等级。国家采取了封锁措施，学校关闭，奥运会也被迫延期。人们不再考虑出国旅行，各大店铺的营业被严格限制，纷纷关门。人们开始遵守保持社交距离的规定，无论去哪里都留下自己的个人资料，只要发烧就无法乘坐火车和飞机，为了口罩四处奔波。

虽然数字看起来毫无意义，但在接下来的两年间，全世界有 600 万人感染新冠病毒死亡（截至 2022 年 5 月本书成书时）。截至 2022 年 4 月，韩国死亡人数已超过 2 万人。随着奥密克戎毒株的出现，确诊和死亡人数急剧增加，殡仪馆和火葬场达到饱和状态，许多高龄老人和有基础疾病的人束手无策地死去。如果没有这种病毒，他们本可以继续维持 10 年以上的寿命。虽然人们相信疫苗研发成功后就可以回归正常生活，但实际情况并非如此。可接种疫苗是唯一的希望，于是人们在一年内接种了三次疫苗，期待着日常生活的恢复。

疫情导致各种求生哲学流行，社会环境不再稳定，也暴露了"不稳定工作"的局限性，自由工作者和零工一族的生活逐渐全面崩溃。目睹一切的人们开始认为"稳定工作才是最好的选择"，并继续强化对名牌大学和大企业的执着。在当下环境，重要的不再是"社会"，而是"个体"，因此，只有公务员才是正确的选择。

越来越多的人感到如履薄冰，难以摆脱流行病的困扰。有常识的人都知道，要想战胜新冠病毒，必须相信科学，听从相关专家建议，积极接种疫苗，而不是祈祷。然而，这种常识经常无法得到贯彻，安逸的日常生活突然发生变化时，个人就会陷入混乱，感到绝望，精神紧张，无法理智地思考。这时，虚假信息就会钻进这个漏洞中，即使平时会被自然过滤掉的内容，在这种情况下也显得十分合理。特殊时期，无数虚假新闻更深入地渗透到大众中，这也是"信息流行病"（infodemic）这一合成词的由来。现代社会的网络世界正是信息流行病活跃的最佳环境，信息传播的速度和范围超乎想象。更糟糕的是，未经证实的信息被自媒体描述为事实，这种情况持续得越久，恶性循环就越快，个人自由也越受限制。

歧视和憎恶也在蔓延。尽管这种病毒已被正式命名为新型冠状病毒，但在韩国，仍有许多人称其为"武汉肺炎"。世界卫生组织多次警告，称这种行为会助长人们对相关地区不必要的恐惧和偏见，对防疫产生负面影响，但仍有许多人无动于衷。请各位读者想象一下，如果自己是一名来自武汉、暂居韩国的中国人，在这种氛围之下，你是否敢走出家门？ 2020 年疫情初期，美国前总统特朗普可能出于政治意图，反复使用了"中国病毒"一词，想让中国在全球留下坏形象，从而让美国掌握世界经济主导权；欧洲的帝国主义价值观也有抬头之势，德国最权威的时事周刊《明镜》（*Der Spiegel*）在封面上称新冠病毒是"中国制造"（made in China），将病毒的"出现"偷换到"制造"的意义上，刻意营造出人为的意味。这不仅不符合常识，而且提及发生地区的措辞本身就是一种歧视。在中国成为贸易强国之前，"中国制造 = 便宜货"的认知已经充斥西欧、韩国和日本社会。因此，"中国制造"的表达本身就带有偏见，会诱导人们产生诸如"果然是中国，他们的文化不是本来就很野蛮嘛"的想法。

法国地方报纸《皮卡尔信使报》（*Le Courrier picard*）在头版头条刊登了标题十分醒目的文章《黄色警报》，意味着白人因黄种人（即亚洲人）受害的"黄祸论"（Yellow Peril）再次复活。"黄祸论"出现于 19 世纪的欧洲，以黄种人抢走白人的工作、污染基督教和欧洲文化为由 [12]，将黄种人视为灾难，是一种充满轻蔑和憎恶的意识形态。媒体重新起用"黄种"一词，相当于在煽动种族歧视，这也是新冠疫情期间，针对亚洲人的仇恨犯罪事件增加的原因之一。统计表明，与 2019 年相比，2020 年美国针对亚裔的仇恨犯罪增加了 149%。[13]

日常生活一旦崩塌，人们的共情能力也随之消失。自己过得很辛苦，就会怨恨那些让自己辛苦的人。人们产生了一种错觉，觉得确诊者破坏了自己的日常生活，认为可以挥舞手中的"刀"，批判和攻击妨碍自己日常生活的人。新冠疫情爆发四个月后，盖洛普国际咨询机构（Gallup International）在不同国家展开了有关新冠病毒认知度的调查，调查数据显示，韩国有 71% 的人表示"害怕被感染"，而"害怕确诊时受到指责和伤害"的比例则达到了 66%。人们担心自己受到指责的程度几乎不亚于对新冠病毒本身的恐惧，这就是备受称赞的 K- 防疫 [1] 的阴影，也是 K- 防疫的真面目。

新冠疫情初期，K- 防疫的基础就建立在无底线揭露确诊者的活动轨迹上。消息一旦公布得不够清晰，就会引起连续不断的民怨，抱怨韩国防疫机关没有正确告知确诊者的活动轨迹。于是，被公开了活动轨迹的人成为大众"人肉"的目标。人们纷纷赋予这些人称号，例如"去济州岛旅行的江南母女""去泡温泉的牧师夫妇""去了梨泰院某夜店的学院讲师"，却丝毫不觉得这有什么问题。这些确诊者的"详细信息"巩固了与特定地区和职业有关的刻板印象，只是用来刺激憎恶情绪的

---

1 即韩国的防疫系统，作为新造词于新冠疫情期间在韩国社会被广泛使用。

调味品而已。我知道很多人会说，如果本人光明磊落，公开行程有什么难的？但什么是"光明磊落"？"光明磊落"又是由谁来决定的呢？

K- 防疫与私生活

十多年前，我一边读研究生，一边在凌晨送报纸，还在地铁站前分发免费报纸。虽然我并不对此感到羞耻，但我仍不想被认识的人看到。在因暴雪延误送货的日子里，我会穿着写有"某某日报"的制服外套去上课，所以大部分人也都知道我在兼职。但压迫感依旧存在，因为我必须在"边读书边谋生，好辛苦"的鼓励和"什么时候才有时间学习"的嘲讽之间保持平衡。如果我的经济问题让我无法集中精力学习，很多人会嘲讽我"为什么还要读研究生呢"，因此，我没有选择主动公开这个早已不是秘密的事实。

有位认识我很久的老师，无法理解我的这种心情，还费心帮我拿到了某财团的奖学金。他向财团推荐我，详细说明了我凌晨送报纸，傍晚在研究生院当助教的经历。最终我获得了 100 万韩元的奖学金。可颁奖仪式上对我的介绍实在太过卑微。

有些人认为，确诊者的日常生活轨迹理应被公开，因为那已不再属于私人生活范畴。调查机关强制要求解锁手机是对本应被保障的"内在权利"的明确侵犯，尽管已形成一种共识，仍有人错误地认为，如果这些人的日常生活已经暴露在"外"，那么到处流传也没关系。特别是在成为人们热议的话题素材后，如果当事人提出异议，别人就会说，"明明出发点是好的，为什么要这么挑剔"，让当事人感到羞愧。

人们不去追究公开活动轨迹这一要求本身存在的粗暴性，反而热衷评价陌生人活动轨迹的好坏。K-防疫之下公开的活动轨迹中包含了一些不必要的个人资料，诸如"确诊的呼叫中心员工与凌晨的蔬菜汁配送员是同一人"，这些信息对于防疫来说并不重要。我们的目的是尽快找到密接者，并将他们隔离（尽可能保密地），对相关空间进行消毒，这些都不是私生活遭到陌生人过度分析的理由。虽然不会公布确诊者的具体身份信息，但仅现在防疫部门公开的内容就过度详细，周边人很容易发现其身份："一位40岁女性在九老区某大厦11层的某保险呼叫中心工作，并为汝矣岛某投资公司配送蔬菜汁"。不仅如此，防疫部门还公开了她的退休日期。可以说，这段话已完整介绍了她的现时的人生经历。这个确诊病例之所以被广泛提及，是因为人们认为她的活动轨迹是"善"的，声称其暴露了社会不平等的现实。然而，问题仅此而已吗？疫情肆虐之下，越来越多人意识到了自己的社会和经济地位，却仍不得不承受这种无礼。

我认为，我也可能是这位被报道的女性。如果这篇新闻标题是《某大学研究生吴某镐确诊，每天早上都会在某地铁站接触数百人》，那么会发生什么呢？我艰辛求学的经历虽然看起来似乎是完美的，但也有可能成为人们诋毁我的素材——"这么爱打工的话，什么时候学习呢？"当那些平时不看好我的人看到这篇报道，他们也会抓住这个机会宣泄憎恶之情——"那么喜欢挣钱的话，就不应该来读研究生啊！"然而，我真正害怕的还是活动轨迹被暴露后的那种悲惨感。对某些人来说，这些生活轨迹令他们感到羞耻，他们本想将其深深掩埋。我上大学时，每个周末都会在婚礼现场打工，虽然日薪还不错，但我更享受的是打工同时能解决一顿饭的原始满足感，所以那份工我做了很久。如果这样的活动轨迹被公开，我的生活真的会安然无恙吗？我会不会被贴上"周末有空不努力学习"的标签呢？

个人的故事一旦流出个人之外，就存在被滥用的风险。紧急情况下虽别无他法，但越是非常时期，只愿捕风捉影、相信自己想相信的事情的人就越多。韩国宪法保障的"私生活的保密与自由"在新冠疫情期间未能得到有效实施。法律本身并没有错，而是人们急于求成的心态，导致他们忽视了其他人的平等权利。

只有活下来的人才值得被关注吗？

我学了二十多年的社会学，那些以"1997 年亚洲金融风暴之后"开头的文章总被反复提及。亚洲金融风暴前后，韩国社会的变化非常明显，其影响甚至可以与朝鲜战争相提并论。金融风暴是经济急速增长的负面后果，财阀和政府勾结，八爪鱼一样用银行的钱扩张，危机爆发后人们纷纷破产。韩国政府本应修正一边倒的错误模式来改善当时的状况，但它却进一步加强了这种模式。企业只有大量解雇员工才有可能存活下来，同时增加非正式员工的数量，最后导致社会两极分化加剧。"小溪里飞出龙"[1]只存在于幻想小说中。紧迫感让人们无比痛苦，坚信"我必须先活下去才行"，这种状态完全是错误的，却没有人提出质疑。

新冠疫情期间，人们处于这种状态下，痛苦也两极分化。戴口罩和隔离虽令所有人困扰，但对各人生计的影响绝非等同，痛苦程度也不同。"病毒是公平的"只是谎言。[14]

在亚洲金融风暴时期，所有人都在困境中挣扎；但在疫情期间，只有弱者才会无可奈何地倒下去。或许不能说是病毒完全导致了这种情况的发生，但这种情况所

---

1 韩国谚语，相当于中国的"寒门出贵子"。

　　　　　　　　　　是我的错吗？

需的条件早已设计好，高龄人群、女性、低收入群体的情况只会更加糟糕。那些所谓在疫情中"发了横财"的特定行业从业者呢？物流业空前繁荣，每家每户门前都堆满了快递盒，而配送员却因过劳而死。

就像那些经历了亚洲金融风暴的人一样，现代人也在残酷的战场上被改造成了战斗工具。教育资源差距既是两极化的结果，也是未来两极化加剧的原因之一。教育不平等的问题早已存在，但孩子在上小学时并不会意识到这种差距的存在。然而，疫情期间，孩子们已能深刻地体会到自己接受的教育资源的差距。虽然网课不会让课程内容发生变化，但是家庭经济状况会对上网课造成很大的影响。虽然很多人认为家家都有笔记本电脑，但实际上并不是这样。就算有电脑，也可能存在电脑的功能是否全面、是否由学生个人拥有等问题。此外，并不是所有人都有合适的上网课空间，有人在自己的房间里，有人和兄弟姐妹一起，有人在厨房里。如果家庭关系不和睦，上网课本身还会成为一种羞辱。

自从首都圈地区的补习班受到营业限制后，很多学生放学后无处可去。也有人另辟蹊径，前往大田或大邱等知名补习街听课，补习班的讲师再把学生带到学习咖啡馆[1]进行课外辅导。但并不是所有人都能拥有这项选择。

1　即"study café"，指可以边喝茶和咖啡，边进行讨论或学习的咖啡馆。

恐惧资本主义的人越来越多了。与过去相比，人们更快地感受到挫败，放弃的时刻也随之相应提前。为了保障稳定的工作，越来越多的人挤破脑袋去竞争。有些人被迫长期处于竞争状态，而有些人干脆早早放弃竞争，前者还会对后者产生强烈偏见。什么"年轻时不好好学习"，"那个人在上小学时就放弃学习啦"，认为社会不需要对这些不努力的人负责，这些人会阻碍社会安全网的设计和不断健全。在这种嘲笑声中，社会共同体必会四分五裂。

亚洲金融风暴之后，各自求生的法则成了新的处世之道，大家都不关心"没能生存下来的人"。如果路变窄，本该扩宽才对，但人们现在却只考虑"如何才能从窄路中通行"，强调应该如何面对危机、如何灵活应对变化，就好像只要所有人都按照生存秘诀行动，就能成功活下来一样。即使共同体的基础已经越来越松散，也无法引起大众的关注和讨论。现在也是一样。

故事仍未结束，
"无接触"时代，新冠病毒带来的孤独

"疫情狗狗"（pandemic puppy）是一个新造词。新冠疫情期间，人们对宠物的关注度也变高了，韩国养宠

物的人大幅增加。然而，随着生活逐渐恢复正常，弃养也不断出现。尽管人都认为自己很理智，相信能一直爱护宠物，但很多时候，养宠物往往只是隔离状态下感情用事的选择。

接下来的一百多年里，新冠病毒带来的影响将一直存在，这不是在开玩笑。想想那些在疫情期间无法交朋友的孩子吧！我的童年与这些孩子的完全相反，与人见面、玩耍，也会和人吵架，再和好如初；会喜欢和某些人一起玩，也会讨厌某些人。不知不觉中，我学会了如何处理人际关系。

现在却与以往大不同。面对面交谈的机会大幅减少，必然会影响个人性格，让人认为自己不擅长与人建立关系，在扩展个人生活时感到困扰。越来越多的人会因不值一提的事激动，因一些小事受挫，长此以往，还会产生各类精神疾病隐患。我们应该提前做好准备。

她们的痛苦穿过我们的身体，抵达心脏。受害者的创伤变为我们的痛苦，在燃烧的瞬间，炽热的熔岩从心脏中喷涌而出。

——追踪团火花

第八个事件

我们越来越迟钝了

——"N号房"事件，在宽容的判决下长大 [1]——

他们既不用逃跑，也不用避开

九岁的儿子带回一封家长通知书，信中提到希望家长"指导学生尽量不要看新闻"。虽然学校解释说，新闻中刺激性内容过多，会给孩子造成不良影响，但我认为这种做法非常荒谬。在我看来，当孩子看新闻时，父母应该根据孩子的理解能力来回答他的问题，这也是一个家庭中重要的文化传统。虽然学校用新闻里多是残忍可怕的暴力事件来举例，但我认为只要家长适当调整态度和尺度，就能找到和孩子沟通的方法。我不会以"现在不知道也可以，以后都会知道"的方式轻易将问题带过，因为我认为这是孩子关心政治、经济和社会的第一个阶段。回避正是漠不关心的催化剂。

1　"N号房"事件曝光后，这句话经常出现在韩国社交媒体，用来抗议政府对性犯罪者无关痛痒的处罚。如2020年6月20日KBS电视台节目《时事企划窗》第280期题为"'N号房'是在法律的喂养下长大的"。

然而，"N号房"事件曝光后，我终于理解了那封家长通知书的用意。我真希望孩子们没看过有关该事件的报道。我找不到其他合适的词语描述这些恶魔，他们真的是人面兽心、目中无人、穷凶极恶的家伙。我也无法调整自己的回答方式来适应孩子们的接受程度，因为我没有能力对这些恶魔的行为做出解释，而报道中的内容竟然已经是"为避免对受害者造成二次伤害，将残忍性最大限度弱化了的描述"。

　　"N号房"事件的恶劣程度完全是前所未有的。"N号房"里都是运营者godgod的"奴隶"。大部分受害者看起来还是初中生，像狗一样狂吠的孩子，裸体倒在男性公共厕所地上的孩子……每个视频都有自慰镜头，每个画面都暴露了她们的性器官。

　　　　　　　　　　　　——《国民日报》2020年3月9日刊

相识的记者打来电话，说"N号房"事件的可怕程度让他想起了"至尊派"事件[1]。6名罪犯在某住宅的地下室建造了焚烧尸体的设施，绑架了5名受害者，进行监禁、性暴力和杀人等可怕的犯罪行为。这些人自称从小因贫困被人无视，把自己视为社会腐败的受害者。但我认为，他们的罪行很难从社会矛盾或结构性不公的角

1　韩国黑帮"至尊派"于1993年7月至1994年9月杀害5人的恶性犯罪事件。

度来分析，也很难从社会学角度去解释。他们的行为让人无法理解，他们是真实存在的恶魔。

然而，在"N号房"事件中，许多社会性问题盘根错节，并不像看起来那样简单。"N号房"是godgod（本名文炯旭）运营的聊天室，从"1号房"到"8号房"都要交会员费才能进入。在软件Telegram中，仿效"N号房"的聊天室数不胜数，后来都被统称为"N号房"。"至尊派"事件至少可以确定加害者（1995年已执行死刑）和受害者，而韩国警察厅针对"N号房"事件成立互联网性犯罪特别调查本部后，经过9个月的集中管制，共逮捕3757人，拘留245人（截至2020年12月31日）。其中，制作视频者及运营者511人，贩卖及散布视频者1170人，购买及持有视频者1875人，仍未确定全部加害者和受害者。[15]全世界都知道，这些数字无法涵盖那"N个房间"里的所有人。"一个有4000多名成员的聊天室炸了，新聊天室建好的瞬间，马上又有1000多人加进来。"[16]这些"积极"的用户执意要找到这些隐秘的房间，支付虚拟货币，不惜一切代价地观看视频。没有人知道"N"到底是多少，加害者和被害者人数远远超过已公开的数字。不能将"N号房"的犯罪动机简单归为"他们被社会孤立了"，也不能把这个事件简单看作不正常人的不正常行为。

在6个月内侵害了数百名受害者的"博士房"，于

2020年3月16日运营者赵主彬被捕后浮出水面。此后调查速度加快，警方才对情况有所掌握。两个月后，文炯旭被捕，庞大的犯罪组织碎片才被拼凑出来。此后，其他共犯接连被捕，调查正式展开。然而，受害者在过去这段时间里经历的恐惧和无助是无法衡量的。

我们也不能盲目地指责调查机关无能。在调查机关掌握信息有限的情况下，加害者十分狡猾，在网络空间寻找加害者也非常困难。例如，赵主彬在软件 Wickr 上运营了一间聊天室，名叫"实时奴隶组成的最强房间"，这款软件比 Telegram 隐蔽性更高，也更难被追踪。[17]

在"至尊派"事件中，受害者冒着生命危险报案后，警方只用 3 天就逮捕了所有犯罪嫌疑人。然而，如今的世界已经与过去不同。科技迅猛发展，全面保障数字安全的反面是随着监管的松弛，互联网犯罪率越来越高。问题不在于犯罪者有多狡诈，而在于韩国社会从未真正追究过他们的责任。因此，他们不需要逃跑，甚至还可以边走边嘲笑社会，继续系统地培养自己的"商业模式"。

到现在为止，竟还不算犯罪

传统犯罪抑制理论认为，"确定性、迅速性和严格性"至关重要。任何犯罪行为必须迅速、严格地经过法律审判，法律才能为社会进步树立优秀的里程碑，否则就会撼动"法律面前人人平等"的价值观，共同体就无法得到良性发展。

如何定义"罪"一直是争议的焦点，就像电影《辩护人》（2013）中，韩国军事独裁时期，即使只是读书和讨论，也会被定罪为"企图颠覆政府、鼓励反国家团体"。在这种情况下，"罪"总是由权力规定的。排除这种特殊政治情况，我们会发现，不同国家、不同时代的法律达成的共识——《汉谟拉比法典》"摩西十诫"，以及古朝鲜"八条法"[1]都主张严惩杀人、施暴、抢劫等重罪。但是，当今的现实生活中，虽然暴力会受到"切实处罚"，对于家庭暴力，法律却十分宽容。因家庭空间和家人关系的特殊性，法律对发生在家庭内部的暴力行为进行了特别处理。例如，女儿报警举报父亲的施暴行为，警察反过来指责女儿的情况十分常见。此外，在未经对方同意的情况下强行发生性行为即为强奸罪，但在夫妻关系中，婚内强奸罪在很长一段时间内都未能得到法律认定。

以"N号房"事件为代表的互联网性犯罪与其他性犯罪的处理方式不同，由于法律未明确将其认定为犯罪

1　被认为是朝鲜半岛最早成形的法律。

行为，犯人往往不能被迅速逮捕。即使受到审判，这些犯人也只需付出微不足道的代价。即使受害者勇敢地向警方求助，警察也只会说，"就算举报也难以逮捕，不如别浪费时间了"。正是由于受害者无法站出来揭露加害者，后者变得更加猖狂了。随着加害者的增加，性犯罪视频的观看者也会随之增多。太多人在这个"行业"里获利，供需循环使得这一领域像产业系统一样不断发展壮大。到最后，无论是供应者还是需求者，一进入这个领域，负罪感就会消失，也变得麻木不仁。

拥有 100 万会员的"海螺网"，曾是性犯罪的温床，自 1999 年就开始运营，但直到 2015 年，韩国国会议员才将该网站的淫秽色情内容视作问题，敦促警察厅厅长进行严格调查。此后运营者被逮捕，网站也被关闭。这项罪行被搁置了整整 17 年，警方也未掌握确切的受害者人数，运营者被判有期徒刑 4 年，因为这已经是该领域的最高刑罚标准。这个典型案例证明了法律的确定性、迅速性和严格性在互联网性犯罪领域完全没有发挥出根本性的运转作用。

即使是经过媒体大肆报道、令大众咋舌的案件，处罚结果也并无太大差异。例如，一名男性偷拍了自己与126 名女性发生性关系的过程，在经过公交车站、走在路边时偷拍女性的裙底 1400 次以上，但只被判了 1 年6 个月的有期徒刑。SBS 数据新闻工作组分析了 2019 年被首尔5所法院判定为非法拍摄的413起案件（被告人419名）的一审判决书。结果显示，缓期执行的判决占全部判决的49.2%，罚款判决占36.8%，有期徒刑判决占12.2%（平均刑期为1年1个月）。换句话说，在10名被告人中，有9名在庭审结束后就可以回家了。2018年以前，罚款处罚的比例最高达46.8%；而2011年至2016年期间，罚款比例为72%。[18] 可以想象，"被抓了交罚款就可以"的认知只会越来越普遍。

我认为，法官的宽容判决是因为缺乏对性别问题的敏感度，这是素养问题，而不是出于某种不纯的意图。网络世界中，虽然没有流血，没有直接的身体伤害，但是散布性剥削视频会给受害者带来几乎与死亡相同的痛苦。即使加害者被判无期徒刑，受害者的视频仍存在，并不断被传播，给受害者造成更多的伤害。正如我之前提到的，在面对"永恒的痛苦"时，使用过去的视角和标准解释互联网性犯罪是行不通的。然而，在很长时间以来，韩国法庭的判决还是更注重参考过去的案例。

在韩国法庭上，世界最大的儿童性犯罪视频共享网站的运营者仅仅被判了1年6个月的有期徒刑。2020年8月，12位匿名的韩国女性策划了两段分别长达15秒和30秒的广告，并在美国纽约时报广场的两块大屏幕上播放。她们之所以团结在一起，不仅因为韩国司法部门对运营臭名昭著的网站 Welcome To Video 的韩国人孙正宇的处罚过轻，也因为她们对韩国拒绝了美国的引渡要求感到愤怒。这意味着无法按照美国法律处罚犯罪者。[1]在该案件中，共有217名网站会员作为涉案者被移交给法院，但只有43人受到了处罚。在这些人中，除了孙正宇被判处1年6个月有期徒刑外，其他人都只被判罚款约300万韩元。在韩国，曾有人因偷窃18个鸡蛋被检方要求判处1年6个月的有期徒刑，BBC的韩国特派员以此为比喻，批评说："在韩国，制作儿童色情影像相当于偷鸡蛋。"[19]而"'N号房'是在宽容的判决下长大的"这一表达并非毫无来由，可以说，正是宽松的判决促成了"恶劣的韩国社会"。

韩国的司法系统信赖度在36个经济合作与发展组织（OECD）成员国[2]中排名第34位，也是这种宽松的后果。一方面，前任礼遇[3]和"有钱无罪、无钱有罪"等多种因素让人们不再信任司法系统；另一方面，荒谬的量刑执行标准也束缚了人们对于新型犯罪的看法。

幸好也有人察觉到了变化。量刑标准调整后，针对"N号房"事件犯罪者的刑罚也加重了。虽然从受害者

---

1 在该案件中，2015年起，38个国家约128万名会员（4000名付费会员）通过暗网在网站Welcome To Video（又名W2V）交易儿童性犯罪视频，已知下载量为36万次，是韩国首宗暗网犯罪案件。运营者孙正宇原定于2020年4月27日出狱，但因美国要求引渡罪犯而被推迟，于2020年7月6日获释。

2 截止2022年成书时已增至38个成员国。

3 指韩国部长级以上的官员在离职后享受在职时待遇。

的角度看，这一结果仍然有遗憾——"N 号房"创始人文炯旭因开设违法聊天室并上传 3762 条性犯罪视频被判处 34 年有期徒刑；宣传"N 号房"的 Watchman 因为提供和宣传"N 号房"的链接而被判处 7 年有期徒刑；在文炯旭指示下对受害者实施威胁和性暴力的 Kotae 被判处 10 年有期徒刑；此外，意图将性犯罪品牌化的"博士房"运营者赵主彬被判处 42 年有期徒刑，共犯"布达"被判处 15 年有期徒刑，"唐纳德·普京"被判处 13 年有期徒刑，"李元昊"被判处 2 年有期徒刑，"太平洋"被判处 10 年有期徒刑；模仿"N 号房"运营聊天室的"萝莉队长泰范"被判处 7 年有期徒刑，两名付费会员被判涉嫌加入犯罪集团，也被判处 7 年或 8 年有期徒刑。

之所以列出这些奇怪的网名和具体的刑期，是因为我希望有更多人看到互联网性犯罪者应得的惩罚。当有如此多的人忠于自己的角色，将性犯罪发展成一种产业时，韩国社会和政府到底在做什么？

不能只把他们当成恶魔

"N 号房"就是失范（anomie）的体现，即在缺乏社会规范的情况下出现的社会成员心理上失去价值指引的无序状态。随着时代变化，当旧秩序无法控制这种

"变化"时，失范状态就会出现。然而，这种状态却为某些人提供了免罪的借口。如果将新型犯罪简单归为心理问题，大多数人就会认为与自己无关。但是，真的是这样吗？将"N号房"里的罪犯称为恶魔，就万事大吉了吗？

媒体常用"空前""史无前例"等词语形容"N号房"事件，将犯罪者们描述为百年难遇的恶人，但我们应该记住，这些人并不是天生的恶魔，也只是社会中的普通人，是韩国社会长期以来对互联网性犯罪的忽视助长了犯罪。如果我们把其中一方定义成变态，就会忽视另一方存在的问题。创建和运营"N号房"的人，与进入"N号房"的人，都是在韩国文化的熏陶下成长起来的，他们和我们一样，没有什么特殊的 DNA 结构。

社会学将正当化犯罪和越轨行为的现象解释为"中立化"（neutralization）。加害者有许多理由否认自己的过错，最常见的情况是否认罪行本身。特别是在互联网犯罪领域，这种现象尤为明显，这也与互联网世界的特性相互呼应。由于人们每天接触到的信息太多，信息伦理意识会自然而然地变得迟钝。甚至有人认为，网络使用费也包含了随意使用网络获得的信息的权利，这也是支持各大视频平台付费的用户以"优秀下载者"（good downloader）身份站稳脚跟的内在原因——于是，在支付 140 韩元、330 韩元和 950 韩元的费用后，即使通过非法途径下载了犯罪视频，人们也会认为自己很有道德。既然"交钱了"，自然就可以在自己的私生活中尽情使用这些视频和照片。"N号房"每一级别开放的条件都很苛刻，只有支付更高昂的费用才能查看更高级别的内容，最高金额甚至达到150万韩元。就这样，犯罪变成了关乎"商业道德"的交易。

另一种否认自己犯罪的方法是让受害者承担责任。例如，一些人指责受害者被"让你赚大钱"的话蒙骗，试图让受害者承担部分责任。加害者会认为受害者是自作自受，"被打死也不算什么"，即便残忍对待受害者也不必感到愧疚。在实际犯罪现场，加害行为被掩盖成了"教育"和"伸张正义"，黑变成了白。就像给别人贴上"狗屎女"[1]"Loser女"[2]"大酱女"[3]等标签，公开她们的个人信息，假装自己是正义使者的那些网民。在"N号房"事件中，网络世界的特征被原封不动地搬到了现实生活中。

1　"狗屎女"一词最初用来谴责引起社会争议的特定女性，随后扩大到指代不懂礼貌、自私的年轻女性。

2　"在重视外貌的当今社会，身高也是一种竞争力。我认为个子矮的男人是失败者（loser），男人的身高怎么也该180厘米以上吧。"这是一名女大学生在电视访谈节目《美女们的唠叨》中的发言，男性网民称她为"Loser女"，并对她进行辱骂和诽谤，在网上公开其高中时代照片，造谣疑似整容。后来女子上传了道歉文并请求原谅，但风波仍未平息。

3　"大酱女"是指爱慕虚荣，崇尚名牌商品，却没有自己的经济来源，依赖父母或男友的年轻女性。从2000年开始扩大至男性认为的所有负面女性形象，一直流行到2010年。

有人出于好奇心想要进入聊天室，又因为更强烈的好奇心进入收费房间，这个过程就像水的流动一样自然。这种感觉就像购买游戏道具，有许多人通过支付不同等级的费用进入收费房，成为活跃观众，根据一级20万韩元、二级70万韩元和三级150万韩元的标准缴费，巩固了性犯罪体系。就像"N号房"内部设有不同级别的房间一样，在"N号房"出现之前，网络上也一定存在其他级别的"房间"。虽然淘汰和修剪都很重要，但只要树木的根还在，随时都可以继续生长。我无法确定我们在这个比喻中扮演的角色是树枝、树干还是果实，但不能否认的是，我们至少都曾经给树浇过水。"N号房"的怪物们和我们生活在同一片天空下，呼吸着同样的空气。

期待不再说"试试看吧"的时代

2006年至2007年，MBC情景喜剧《搞笑一家人》正在热映，剧中70多岁的演员李顺载第一次看到色情片后露出的惊讶表情一度成为热门话题，之后该演员就有了"AV顺载"的绰号。能够受到大家的欢迎当然是最好的，当时这句话并没有引起争议，所有人都觉得很有趣，并经常提起。当时不需要有人来解释"AV"的含义，它作为喜剧素材出现，成为元老级演员的修饰语，说明很多普通人都有接触色情或相关内容的途径。

没有人会对色情片给出积极的评价，也没有父母会劝孩子看色情片。这种令人作呕的东西之所以变成笑话，并成为某人的绰号，是因为人们对性欲抱着宽容和理解的态度，也认为拥有好奇心是很正常的。人们理所当然地接触新事物，就像说"试试看吧"一样轻松。而所有人都忽略了，有时"好奇心"正是互联网性犯罪案件的决定性因素，我们该冷静地批判那些导致难以挽回的结果的好奇心。

网络还不发达的时候，人们常常用"就看这一次"蒙混过关，即便有机会接触色情片，也不会对日常生活产生太大的影响。不是因为那个时代的人道德高尚，而是因为很难接触到这些资源。即使是在被称为"录像带时代"的 20 世纪 80 年代，韩国的青少年也很难聚集在一起观看影像。不是说从前的社会没有黑暗面，而是那时的人们会和色情录像带交易"保持距离"，从一开始就没有想过要通过这种方式赚大钱。

然而，互联网时代让人们可以随意下载任何内容。韩国社会从未预料到有人会"非法上传"这些可怕的影像和照片来敛财。这些本以为只会发生在黑暗中的事情，竟会如此广泛地渗透到日常生活中，甚至形成"产业"。

如今，"就看这一次"早已成了不可能的事。相反，人们接触到色情影像的速度更快了，并且会花费更长的时间。一旦需求形成，影像的供应就会变得更具刺激性。与市场逻辑相似，面对这些肯花钱的人，谋利者往往没有时间去考虑太多，为了不失去顾客，公司就需要不断推出新产品。过去的主流色情片带有明显的商品性和表演性，而如今最受追捧的是"真实感"。所以，恋人之间的隐秘视频被泄露、被人们共享，各种偷拍视频盛行，人们观赏的对象不再是演员，而是生活中的受害者。即使知道这是违法行为，随着相关信息的广泛传播，人们的兴趣和需求也很难被彻底控制。就算封锁了相关网站或渠道，也会再获得新的突破口。现在就是如此，只需要多搜索几次就能找到"迂回访问的方法"。但我们能否仅将错误归于时代呢？人们将注意力集中在"N号房"事件的主犯都是二十多岁的年轻人的事实上，将其解释为当今时代的特征，这充其量只是结论的一种而已。污染物从上游快速流向下游，并在下游积聚，问题的真正根源是上游的污染源，这一点是不会改变的。"就看这一次"也可以的时期从一开始就不该存在，"大家都是这么长大的"这句话也应该慎言。

发展到如今这个地步，与千篇一律地分析性观念的社会氛围也有关。在报道年轻一代性意识变化的新闻中，"韩国社会对性的看法比较保守，但最近正发生一些变化，表明社会变得更加自由"的说法过度泛滥，已经超出了我们的实际需要。虽然有人指责如结婚前要保持贞洁、发生了性关系就要结婚等强制性观念，但他们却将核心放在了保守的性规范上，毫不提及"应该尊重女性"这一点。大众的标准往往只对女性严格。人们可以容忍男性发生婚前性行为，但对女性来说，婚前性行为随时可能成为耻辱的烙印。

强调性自由的目的是反对歧视。性自由并不意味着可以在任何地方随意发生性行为，而是指在职场中有权利不受到淫词秽语的侵犯，有权利拒绝发生性关系；开放的性观念并不是要求人们从小就享受性爱，而是要求人们不要利用性来控制他人，以及轻易评判和嘲笑他人。在韩国，人们对性自由的理解和运用仍存在很大的问题。在这种氛围下，"N号房"的罪犯们逐渐迈过了那条文化的线，建立起了自己的联盟。"N号房"事件正反映了当代韩国社会极度粗糙和混乱的性观念。如果不承认这一点，腐烂的果实就会继续生长，这些可怕的案件仍会被视为发生在另一个世界的特殊案例，人们永远只会在问题发生后采取措施，而不是预防问题的发生。如果我们不想重蹈覆辙，就必须对当下保持敏感。

故事仍未结束，
"N 号房"的复活

一完成本章内容，我就在新闻里听到了主持人的声音——"在社交媒体上对未成年人实施性犯罪的'N 号房'仍很猖獗"。加害者仍然存在，作案手法也没有改变，仍是先以不法手段获取个人信息，然后以此为诱饵索取受害者的裸照，扬言要公布她们的个人信息，强迫她们拍摄视频，将受害者逼入绝境。这则新闻以"已向警方移交搜集到的资料"为结尾，可以看出与"N 号房"事件类似，国家公权力仍然没有主动采取行动。在其他尚未被记者揭露的房间里，恶魔们正不断设下陷阱。我无法想象受害者们得有多无助。

虽然"N 号房"事件得到了全社会的关注，调查机关临时成立了特殊部门，动员了很多人力，罪犯也受到了法律的审判，但这是舆论压力影响下的结果。严格来说，韩国的司法体系并没有从根本上解决问题。尽管政界制定了"'N 号房'预防法"[1]，但这无法阻止类似Telegram 的非公开社交网络聊天室发生私人的、隐秘的交易。即使真的监控到了这些交易，也会引发过度侵犯

---

1 指"N 号房"事件后，以防止互联网性犯罪的扩散为目的，韩国国会通过的 7 项法律修订案。

私生活的争议。问题的本质不在于"互联网"，而在于"性犯罪"。我们不仅要考虑如何阻止犯罪再次发生，还要全面追溯其源头，并果断地将其铲除。

禁止终止妊娠的判决，剥夺了女性对自己命运的控制权。[20]

——露丝·巴德·金斯伯格
美国联邦最高法院大法官

第九个事件

我们会继续窃窃私语

—"我不是生育的工具"[1]，废除堕胎罪—

对性自主权陌生的社会

2015 年 3 月，新学期第一天，我开了一场向大一新生介绍社会学的讲座。虽然面对刚刚高中毕业的学生让我有些局促，但这次讲座也是让我了解一个韩国人如何用 20 年时间完成"社会化"的重要节点。我边抛出新鲜的时事热点，边询问学生的想法。在韩国，成为一名大学生意味着要在既定的框架里共享和表达相似的想法，并且要在这种状态下生活 10 年以上。虽然他们的回答只反映他们个人的价值观，但这些观念也笼统地体现了韩国文化的特色。

那天的主题和韩国已存在 62 年的通奸罪被废除有

1　2010 年 3 月 4 日，韩国 20 多个市民团体以"女性的身体不是国家的生育工具"宣言为契机，对政府于 2010 年 3 月 3 日公布的"预防非法人工流产综合计划"进行抗议。该计划还包括建立"非法堕胎机构举报中心"，试图对堕胎行为进行强制管制。

关。韩国《刑法》第241条规定："如已有配偶的人通奸，则处以2年以下的有期徒刑。"宪法法院法官以7比2的投票意见判定该条违宪。废除通奸罪一直以来都是韩国大众关注的话题，从1990年开始，通奸罪曾5次经历宪法法院审判。在这段时间里，人们逐渐认识到国家不应过度干涉个人的性决定。1984年8月3日，《京乡新闻》头条刊登了韩国法务部推进废除通奸罪的内容，也引起了人们对法律在日常生活中扮演的角色和介入程度的讨论。如果一个人被指控通奸，除了要找到避孕套作为证据外，为了证明现场确实发生了性行为，还要找到用过的纸巾。这种法律规定在日常生活中很难应用，违宪判决终于给这种惹人烦的规定画上了休止符。

这个过程并不容易，在韩国，通奸罪被认为具有保护女性的功能。20世纪50年代，通奸罪被纳入韩国《刑法》，当时男性纳妾行为猖獗，只有女性被迫保持贞洁，这是极度不平等的表现。而通奸罪实行"男女双罚"，即不论男性和女性，只要存在通奸行为，就一律按"同等"标准处罚。这个条款似乎看起来有保护女性的一面，如果丈夫因通奸罪被判刑，此条款可以使离婚自动成立，并帮助夫妻双方更顺利地分割财产。毕竟现实生活中有许多女性不仅要面对丈夫的背叛、夫妻关系的破裂，还苦于丈夫不肯在离婚文件上签名盖章。这些理由至今仍然被认为是保留通奸罪的必要因素，这种"必要性"让人感到悲伤，这意味着女性要获得补偿，就必须先对家庭生活死心。

违宪判决中提到，这个判决是以"提高女性地位"为前提，这一点值得我们仔细思考。越来越多的女性参与经济活动，追求独立，以及追求开放的关系模式，不再受传统观念和社会规范的束缚。因此，我们需要更加包容地看待私人领域中复杂的个别情况，不能再用单一的标准衡量。现在的社会更尊重个人的性自由，女性不再被束缚于"必须有丈夫才能生活"的恐惧中，她们希望能自由选择自己的生活方式。

虽然我在讲座上期待这样的回答，但我并未向同学们抛出这个问题。在韩国校园中，学生们需要在"正常家庭"的意识形态下，忠实地遵守固定的规范和职责。这种以保护为名建立的防护措施，实际上是在个人周身围起篱笆，间接或直接地剥夺了个人自主决定的权利。因此，对于那些几个月前还被困在"篱笆"里的学生来说，一听到"通奸"这个词，他们就会自然联想到"如果是我父母呢"。在把通奸和性自主权联系在一起之前，通奸被认为是破坏家庭的问题，很难为其找到任何正面的解释。尽管现在年轻一代的性观念更加开放，但对于通奸的道德判断，依旧是在传统的家庭主义观念下进行的。在韩国，家庭并不只代表一段"上天赐下"的珍贵姻缘，想要获得普世意义下的平静安稳的好生活，最有效的方法就是保持家庭和睦，避免家庭破裂。如果无法得到父母全面的帮助，子女生活就会变得很辛苦，特别是在临近入学考试的时候，子女还可能产生"希望不要废除通奸罪"的想法。

因此，在和学生讨论通奸罪的时候，我建议跳出韩国来看这个问题，让他们试着说出通奸应该被视为犯罪的更必要理由。我说："家庭和睦要靠法律来维护，这难道不奇怪吗？"大多数学生的回答却是："如果通奸罪被废除，出轨就成了合法行为，如果大家都毫无负罪感地出轨，这个世界会变得更糟糕。"

然而，废除通奸罪并不意味着出轨是合法的。问题本身在于通奸是否应按合法和违法进行判定。很多人无法逃脱二元思维的陷阱，错误地认为废除通奸罪就意味着所有人可以自由地通奸。即便通奸在公共领域里不被定罪，在私人领域里它仍然会受到谴责。但在人们看来，废除通奸罪与支持通奸是同一件事。实际上，这是两个完全不同的问题。在讨论废除通奸罪是否意味着"支持通奸"或"出轨自由"之前，我们首先应质疑的是，为什么通奸罪只对女性形成了更强的约束和污名化。这明显是性别歧视，但很多人对此视而不见。性自主权与"放荡"联系在一起，被视为淫乱的象征。即使已经对造成问题的制度提出了质疑，但如果固守过去的观念，也是不可能做出改变的。

　　　　　　　　　　　　　　　是我的错吗？

没有女性会开心地堕胎

所以，在讨论堕胎是否构成犯罪的问题时，主张不将堕胎纳入刑法范畴，不代表希望"堕胎天堂"出现；支持废除堕胎罪，不意味着认为胎儿不是生命；支持女性拥有控制自己身体的权利，也不意味着支持她们不带任何防护措施地进行性行为，随意怀孕，随意堕胎。每当讨论废除堕胎罪时，总会有人展开长篇大论，声称不生育就无法维持社会共同体，话锋还会转向轻视生命的风气，最后声称这会导致女性的私生活混乱，把堕胎问题转移到别的问题上，却独独不提在堕胎罪争议中一直存在的问题——男人为何不必负责？

关于堕胎问题的讨论，本该回到女性对自己身体的决定权上。然而，韩国的文化习俗长期以来将女性与生育分开看待，并将堕胎和女性的关系纳入伦理范畴，导致堕胎的女性被打上不负责任和堕落的烙印。持有偏见的人经常会说出性别歧视的言论，例如"赞成堕胎的女人都不正常"。在这样的社会中，"性自主权"就像其他千篇一律的讨论一样，不过是隔靴搔痒罢了。

有人会否认自身带有性别歧视观念，特别是宗教界人士，他们强调自己是关注生命本身，重视人类尊严。但实际上，一些本来纯粹的主张可能会被政治因素污染或扭曲，有人会把保守和进步的讨论看作军事对抗，像在战场上一样，以争议为借口攻击对方；还有人声称胎儿也是生命，把怀孕和生育面临的复杂而混乱的生理和心理状态简化成生命伦理问题，这些言论大部分都缺乏实际经验的支持。

堕胎是一件让人难过的事情，没有人会因为堕胎感到开心。即使是支持堕胎的人也不会否认胎儿是有生命的这一事实。但价值观不会让意外怀孕的人忘记她们将面临的现实压力。怀孕和生育是个人问题，需要根据身体状况去选择继续妊娠或终止妊娠。这个决定会影响一个人的人生走向。人在做决策时不仅受经济因素影响，还受到个人社会地位和未来计划等多种因素的影响，这使得做出决策变得更加困难和复杂。

因此我们需要考虑的是，法律是否应该干预一个人在怀孕和生产期间做出的决定，介入个人的选择权利。如果法律规定某个行为是违法的，就应该立即执行，丝毫不考虑当事人自己可能存在的疑惑吗？为了让怀孕的女性顺利生下孩子，人们创造出积极的社会氛围，同时惩罚选择堕胎的人，正是这种做法导致了对堕胎态度的两极化。韩国宪法法院判定堕胎罪违宪也充分体现了这一点：

> 怀孕、生育和育儿对女性的生活有着根本性的影响。怀孕的女性需要以自己的人生观和社会观为

基础，考虑自己的身体、心理、社会和经济情况，做出是否维持或终止妊娠的综合决定。这是一个非常重要的问题。

——2017年《刑法》127第269条第1项等违宪诉讼裁判要点

韩国于2019年4月11日废除了存在66年的堕胎罪。此前，根据韩国《刑法》第269条第1项，怀孕女性如果堕胎，将被处以1年以下有期徒刑或200万韩元以下罚款；根据韩国《刑法》第270条第1项，实施堕胎手术的医务人员将被处以2年以下有期徒刑。根据宪法法官7比2的投票意见，4名法官认为现行刑法不符合宪法，建议在胎儿22周之前，在考虑各种情况的条件下允许堕胎；另外3名法官认为在胎儿14周前，应该完全依据当事人的判断决定是否堕胎，而其余2名法官则认为现行刑法合宪。这是为了避免突然做出违宪判决引起混乱，暂时维持现有法律采取的措施。如果国会在2020年12月31日之前不修改法律，该项法规将自动失效。如今，堕胎罪已正式废止，新的相关法律正处于不确定的状态中。

宪法法院的决定并不是支持人们随意堕胎，而是在符合限制性许可的条件下，才允许女性堕胎。虽然有些人认为，只要个人有意愿就可以堕胎，与妊娠期无关，但从争议的趋势来看，讨论很难立即进入这个阶段。虽然大多数经济合作与发展组织成员国都允许堕胎，但在这些国家里，不论妊娠周数，或完全不受限制地进行堕胎的情况也非常罕见。

目前，韩国的相关法律朝另一方向转变的可能性越来越大。宪法法院判决书中明确规定，如果在得到适当的医疗帮助下，胎儿可以在 22 周前独立生存，之后就需要改变方向，采取促进生育的措施。也就是说，在妊娠初期，不用考虑原因就可以选择堕胎；在妊娠中期，需要综合考虑其他因素后再做决定；在妊娠晚期的最后 3 个月，是禁止堕胎的。而如何区分初期、中期、末期成为新的争论焦点。根据韩国保健社会研究院 2018 年的《人工流产实况调查》[1] 显示，选择堕胎的人平均在怀孕 6.4 周时进行了手术，提供了有关堕胎时间的参考信息。考虑到在堕胎手术中，84% 的人选择在妊娠 8 周前堕胎，95.3% 的人选择在 12 周前堕胎，堕胎罪的废止的确减少了很多人的痛苦和困扰。

"在怀孕期间，如果需要堕胎，必须在怀孕 21 周之前进行。如果超过 22 周，就不能进行堕胎"，但人类身体内部的变化难以用简单的数字衡量，因此这个问题仍然存在争议。某种程度上，很多女性已经成功摆脱了由

1　2018 年 9 月至 10 月，针对 1 万名 15 周岁以上、44 周岁以下的韩国女性进行的调查。

1973 年制定的《母子保健法》造成的困扰和限制。《母子保健法》第 14 条规定，只有当父母有遗传问题，或专家认定妊娠会对孕妇的健康构成重大威胁，或此次妊娠是由性暴力或血亲之间发生关系造成的，孕妇才会被允许中断妊娠。如果不符合这些情况，中断妊娠将被视为违法行为。然而，韩国保健社会研究院的调查显示，比起自身健康（9.1%）、胎儿的健康（11.3%）、强奸（0.9%）等原因，孕妇因妨碍社会生活（33.4%）、经济情况（32.9%）、子女规划问题（32.9%）而做出堕胎决定的比率更高。也就是说，《母子保健法》根本没有理解真正的现实情况。根据韩国女性政策研究院在 2017 年的调查[1]，韩国有堕胎史或正在考虑堕胎的人中，只有 1.1% 符合韩国《母子保健法》规定的合法标准。[21]然而，即便满足法律规定，也必须要得到配偶的同意，只是在"配偶死亡或失踪"的情况下，才只需要女性本人同意就可以堕胎。也就是说，女性怀孕后，很难完全自主地做出决定。

《母子保健法》中一些看似为了保护生命制定的严格条款，反而会使人认为在某些情况下堕胎是理所当然的。李明博前总统在总统大选期间接受媒体采访时曾表示："我基本反对堕胎，但如果孩子出生后会残疾，在

---

1 以 16 周岁以上、44 周岁以下有性经验的 2006 名育龄期韩国女性为调查对象。

这种不可避免的情况下，堕胎可能是必要的，并且应该被允许。"[22] 认为残障人士不正常，主张消除有可能成为残障人士的胎儿，并认为这与生命权无关，这一发言暴露了李明博前总统的双重标准和价值观。当时这种歧视引发了争议，但依然有许多韩国人都认同这种歧视。虽然生命珍贵被认为是"基本"概念，但这个"基本"似乎并不包括所有人。如果有女性表示她知道孩子可能有残疾，但仍然选择生下来，周围的人就会感到难以理解并窃窃私语。而讽刺的是，有人如果因此选择堕胎，也会遭遇这样的非议。无论女性选择堕胎还是不堕胎，都会受到指责和批评，被说成自私。

法律不能控制堕胎

电影《无声的呐喊》（1984）中描述了这样一个画面：成百上千个像蝌蚪一样的东西正在前进，它们与某个炽热的椭圆物体相遇，瞬间的激流像闪电般闪烁着，但只有其中一个成功钻入了椭圆内，电磁波开始波动。字幕显示"第1天"，接着是"第4周""第5个月"。在画面的圆圈内，一个孩子的形象逐渐显现。华丽的音乐响起，预示着生命的神秘。后来，胎儿为了躲避钳子拼命逃跑，却还是在子宫内被手术工具切成碎块，这个场景

是我的错吗？

被描述为"凌迟处死"。当看到孩子全身被剪碎的惨状时，观众十分震惊，胎儿张开的嘴巴像是在尖叫高呼"堕胎就是杀人"。接着，胎儿从母体流出，那些血污让人想到人体某些部位的碎片，没人能在看到这种画面后还继续保持冷静和理性。该电影于 1984 年在美国制作，时长 28 分钟，主题涉及堕胎，负责旁白解说的是医生伯纳德·内桑森（Bernard Nathanson）。之所以会拍摄这部电影，是因为他当时正在经营一家堕胎诊所，在用超声波观察胎儿后，他感到十分震惊。这部电影引起了社会的广泛关注和讨论。

当时观影活动结束后，主办方会提供一个脚形徽章作为纪念品，其大小与 10 周胎儿相似。那些为电影流泪的人把这个徽章贴在自己的衣服或包上，成为日常生活中积极反对堕胎的宣传者。从 20 世纪 80 年代开始，有关堕胎危险性的宣传教育主要都是通过播放这部电影实现的。这部电影在学校里，特别是在积极反对堕胎的天主教圈子里成了被灵活运用的资料——主日学校的学生到天主教财团支持的社会福利机构进行志愿活动，都要集体观看，没有例外。我在 1995 年高中二年级的夏天参加了主日学校夏令营的志愿服务活动，并在第一天晚上和数百人一起在大型教室观看了这个视频。在 20世纪末，也有很多人表示他们在同样的地方有过类似的经历。回想起来，那种感受就像在仲夏夜被强迫观看毛骨悚然的恐怖片，还得写观后感一样。

　　这部影片引起了争议，有专家认为这是被歪曲解读的资料，没有区分婴儿（baby）和胎儿（fetus），电影拍摄到的只是胎儿在外界刺激下的反射性动作，不能成为胎儿会感知危险并避开手术工具的证明。有人指责视频的帧速率被篡改，同时也有人称视频中"尖叫"的口形只是肌肉蠕动。尽管伯纳德·内桑森在世时一直坚称视频没有造假，但专家普遍认为，在妊娠10周前后，胎儿不可能通过"大脑"感知到痛苦。也就是说，胎儿在妊娠初期，没有认知能力和判断能力，因此不可能因为某种"不祥的预感"而躲避。妊娠10周左右的胎儿和即将出生的婴儿是两个不同的阶段，不能一视同仁；一个刚刚知道自己怀孕的人想要堕胎和一个已经怀孕快要生产的人选择堕胎，面临的也是两种完全不同的问题。

　　2019年在美国上映的电影《计划外》（2019），讲述了一个堕胎咨询师在手术室偶然看到一个13周大的胎儿被堕胎，从而变成反对堕胎的活动家的故事。虽然这是一部低成本电影，但票房却大获成功，并引起了社会层面的广泛讨论。专家们认为这部电影过度解释了"胎儿反应"，并对此表示担忧。媒体称这部电影是一部反对堕胎的煽动性电影（anti-abortion propaganda film），言辞激烈地对其进行了苛刻的评价，例如"荒谬"

（ridiculous），"血腥的混乱"（gory mess）等。评论家们并不是因为支持堕胎才这样说，而是因为这种反对堕胎的方式会使讨论的层次变得过于简单化。可能会有人认为，这种表达也是一种言论自由，电影评论家们之所以绝情地把言论自由排在了次要位置，是因为这种自由很脆弱，很容易被识破。

"20 世纪，全世界都对纳粹为追求人种纯化采取的行动感到愤怒。而现在，我们使用医用手套来进行相同的行为。"[23]

这是教皇方济各（Pope Francis）的反对堕胎发言，站在他的宗教立场，他需要批判"如果胎儿畸形就应该堕胎"的文化，这是可以理解的。但把堕胎称为"某种邪恶的选择"，最终只会加强"女性应该接受"的社会氛围。抽象的理论将女性限制在"思绪混乱"和"行为不检"中，导致女性因性别而遭到歧视，这种观念进一步加强了"只有女性该受到不同的行为规范"的性别歧视观念。

历史证明，堕胎不能完全交由法律评判。金棕榈奖获奖电影《四月三周两天》（2007）以 1987 年的罗马尼亚为背景，描述了人们在尼古拉·齐奥塞斯库[1]的独裁政权统治下的挣扎。齐奥塞斯库相信，如果要复兴国家，

1　尼古拉·齐奥塞斯库（Nicolae Ceausescu，1918—1989），罗马尼亚社会主义共和国党和国家最高领导人，执政时间为 1965 年至 1989 年。

人口必须要多，因此他盲目禁止人们堕胎和避孕。[1] 虽然初期出生率有所上升，但这种趋势并没有持续下去。由于一些妇女偷偷堕胎，产妇死亡率反而上升了 7 倍。[24] 电影通过平静的画面展现了接受非法堕胎手术的女性面临的痛苦和种种意外。在当时的罗马尼亚，妊娠 4 个月后堕胎被视为杀人，会受到极严重的处罚。在这种紧迫性下，主人公在面对要求发生性关系的医生时别无选择，这也暴露了不合理的法律本身对个人的折磨。

由于堕胎手术在某些地区是违法的，一旦手术出现问题，后续很难继续救治。例如，在 2012 年的韩国，一名女性在接受堕胎手术时大出血，医护人员却因害怕问责而迟迟不敢急救，最终导致这名女性去世。被认为是天主教国家的爱尔兰在 2018 年公投通过了废除堕胎罪的条例，对妊娠 12 周以内的堕胎不再设限，也缘于 2012 年一起因延迟堕胎手术导致患病产妇因妊娠并发症死亡的悲剧。该事件引起了其他国家对堕胎合法化的讨论，每年数千人跨国堕胎的现象也受到了关注。人们的声音和努力产生了重要影响，使改变成为可能。

虽然"取消堕胎罪"意味着允许女性拥有"堕胎的自由"，但二者却包含不同的背景和含义。废除堕胎罪是一种意志、一种表态，表明在追求自由之前，不能忽

---

1 即"770 法令"（Decree 770），于 1966 年实施，1989 年 12 月废止。

视女性在没有自由时面临的困境。国家让无法掌握自己身体的女性不再那么被动，这是一种正向的制度变化。在此之上，国家应该更加关注女性的身体和健康，减少对她们的歧视。

堕胎是否合法的限制性问题，正逐渐转变为在何时进行作为个人选择的堕胎才足够慎重的问题。"条件"和"时期"之间有着巨大的差异——一个人在"条件"上不被允许，就无法在各种偏见中获得自由；"时期"意味着在客观知识的基础上，也就是40周妊娠期间，女性可以完全拥有对自己怀孕、生育和身体的自我决定权。

故事仍未结束，
有"妈妈"，没有"女性"

这句话的意思是我们在日常生活中的表达通常建立在固定的观念和印象上。如果这些观念和印象非常强烈，表达就可能变得片面，甚至充满攻击性。例如，人们无法忍受孩子在公共场合吵闹时，可能会用不耐烦的声音大喊"你的妈妈哪儿去了"，这就基于三种固定的刻板印象：

第一种，人们默认孩子必须有一个父亲和一个母亲，他们生活在一种被称为"正常家庭"的家庭形态中。最近出现的将"学生家长"一词替换为"监护人"的倡议，也是对这种默认的省察。

第二种，是人们总会"先找妈妈"。这种认识的形成与育儿的普遍分工有关，如果育儿分工没有偏重于特定的性别，就不太可能出现这种刻板印象。

第三种，是人们对母亲这一身份的约束。但这并不是因为孩子需要妈妈，而是因为母亲身上被强加的"你怎么当妈的"的压迫性态度。人们普遍认为，如果母亲没有扮演好自己的角色，被骂也是应该的。在这种偏见中，母亲身不由己的状况丝毫不会得到大众的体谅。

在充满传统家庭观念和母亲责任论的社会中，人们很难将堕胎争论看作个人身体自主权的哲学讨论，更难以将其转化为对僵化的社会制度和伦理道德的批判。

在很多情况下，对女性的评价不是基于她们的个人素质和能力，而是基于她们是否符合相应性别角色的标准。随着出生率下降的话题越来越受关注，一些没根据的话也在被传播，比如"现在的女性都很自私，所以才不愿意生育"。2012 年总统大选中的前总统朴槿惠和2022 年总统大选中的尹锡悦总统的配偶都受到了"连生育经验也没有"的指责。这种落后的观念仍然在韩国社会中蔓延。

不仅仅是我们，所有经历过重大事件的人都会对公权力的敷衍了事感到愤怒和不满。[25]

——金顺德[1]

韩国曲棍球国家队前队员

---

1 在 1999 年一场震惊韩国社会的火灾中失去了 7 岁的儿子，后移民新西兰。

第十个事件

我们会无止境地心痛

—记忆、责任和约定，"世越"号惨案—

2014 年 9 月 6 日

首尔钟路区的光化门广场上，"世越"号沉船事故遇难者的家属和一些市民为了敦促政府立法制定"'世越'号特别法"进行了绝食抗议。根据"世越"号惨案国民对策会议的说法，在光化门广场进行绝食抗议的静坐区前，还出现了 100 多名（警方推算）"每日最佳储藏所"[1] 和"自由青年联合会"[2] 的会员，这些人一边要求遗属们"把光化门广场还给市民"，一边大吃炸鸡和比萨来对抗遗属们的绝食抗议……于是，"世越"号惨案国民对策会议在光化门广场的一个角落张贴了一张纸，上面写着"每日最佳储藏所会员用餐处"，并准备了一张简易餐桌。

——*Newsis* 2014 年 9 月 7 日刊

---

1 韩国民间网络社区，内容多充满仇视与偏见，用户主要为男性，简称"ilbe"。
2 韩国一个偏保守倾向的市民团体。

2014年9月6日，是个星期六，我和家人一起到光化门玩。那时，老大还没上小学，老二也只有17个月大。虽然在市中心推着婴儿车走路很辛苦，但我们都非常开心。我们在教保文库书店买了书，还在附近一家昂贵的比萨店吃了饭。然后，我们决定散步经过光化门广场，再去景福宫。我希望孩子们能亲身感受一下"世越"号事件，哪怕只是走过堆满黄色缎带和纸船的广场也好。

然而，几分钟后，我的期待被打破了。我看到三三两两的人正在广场上享用美食，吃着比萨、炸鸡和汉堡，喝着可乐和咖啡。他们故意吃得很夸张，还发出吧唧吧唧的声音，又是"啊——"，又是"嗯——"。在超过30摄氏度的炎热户外，有20多个在进行这种活动的类似群体。吃东西本没什么特别的，但当我抬头看到帐篷上交错的"'世越'号真相查明"和"绝食斗争"的横幅时，我才明白了这一群人的意图。

他们手中的比萨和可乐，与我刚才和家人一起庆祝生日时点的比萨和可乐不同。他们的吃喝是对遗属们的一种挖苦、嘲弄和侮辱。目睹这一切，我仿佛在看什么"狗血剧"，或是末日的预兆，一种难以言喻的痛苦压在我心头。我无法确定自己是难过、生气还是无奈，但这种情绪是我从未经历过的，我既烦躁又害怕。不悦感和挫折感交织在一起，我不愿去面对这些人。我在新闻报道中看到过相关报道，以为顶多是一两个人的表演罢了。

　　　　　　　　　　　　　　是我的错吗？

实际人数却比我想象中更多，他们充满了激情和自信，毫无顾忌。

"绝食斗争"在韩国被广泛批评。把参与者描绘成恶魔，指责他们违背道德伦理，认为他们不符合大韩民国的价值观的文章层出不穷。但是，这种看法真的正确吗？严重缺乏对追悼和悲伤共情的韩国社会，让我不寒而栗。我的心痛也来自人们对社会问题的态度。他们会说"跳轨的人在上班路上很常见"，并对此表示不以为然；学校里发生了自杀事件，校方会试图掩盖，教导学生们不要被影响，应该继续好好学习；如果一再讲述已故之人的故事，就会被提醒"活着的人还是要继续活下去"，等等。韩国社会限制、束缚情感上的悼念，无论生者还是死者，没人能在这个结构中得到自由。"绝食斗争"就像一棵在这片土壤上生长的奇怪的树，成了一种不寻常的现象。

"世越"号遇难者家属非常冷静，表示任何人都可以在广场上自由用餐，甚至为大家准备了餐桌。他们没有表现出特别的愤怒，也没有特殊对待这些用餐的人。有人认为这是一种过于成熟的态度，但当面对"图谋补偿金、希望特例入学、有政治目的、想要搭'顺风车'"等可能出现的指控，这是遗属们来自经验的本能反应，以避免卷入与歪曲事实者的对抗中。某位教授在自己的社交媒体上公开发表了一段话，指责遗属们像争夺官职一样吵得不可开交，并认为这种行为很野蛮。尽管遗属们对此进行了抗议，但他们也会害怕并做出了让步。

"受害者应该是善良的"，这种观念是一种偏见。由于韩国政府的无能，遗属们揭开真相的诉求不断被忽视，还会被质疑动机不纯。人们开始对受害者进行有偏见的评价和判断，警察甚至会针对戴黄丝带的市民进行盘查。[26] 媒体反复强调遗属们的"越轨"行为，批判他们没有资格自称遗属。不知从何时起，受害者反被视为危害社会秩序的人。没有国家的保护，媒体随时可能坐实他们"坏人"的身份，他们必须非常小心谨慎。给吃炸鸡的人们准备餐桌，是几乎走投无路的人才会拥有的"慈悲"。

那些曾表示"我很遗憾"的人，几个月后开始散布虚假新闻，只是因为他们所谓的"总感觉有些可疑"。在社交媒体上，到处都有人指责遗属是"坏人"，遗属列出"优惠政策清单"的谣言被广泛传播。他们告诉那些想记住的人"要忘记""活着的人还得继续生活"，却对"如何才能继续生活"毫不关心。他们批评那些关注死者的人过于"政治化"。

大约也是在那段时间，我在某所大学上课时经常提到"世越"号沉船事故，引起了学生的不满。我被负责教授叫去谈话，让学生提交的"关于韩国'世越'号事件的社会结构分析"的作业也成了问题。甚至在教学评价中，也有许多学生表示讲师佩戴黄丝带是有问题的。"即使要批评政府，也不应该失去理智。""只有你辛苦吗？""别大惊小怪，没完没了了……"这种氛围越来越强烈，弥漫开来。

最终，他们堂堂正正地吃起了比萨和炸鸡。

2014 年 4 月 16 日

船只增建后复原力不足，救援设备存在问题，安全报告书也是伪造的，却通过了相应的认证和安全检查；实际装载量超过最大装载量的 2 倍，仍然被允许出港，没有收到任何异议。船运公司的运营管理规定也被顺利批准了。为何会发生这种事呢？[1]

"世越"号建造于 1994 年，曾在日本运营 18 年。按照日本的船舶老化标准，船只使用 20 年后就应退役。韩国清海镇海运公司买下了这艘即将退役的船。2009 年，韩国政府放宽了客轮运营的限制，"世越"号的服役年限从 25 年增加到了 30 年。然而，这并不是问题的关键。如果加强维护和检查，船只也可以安全航行。但是在韩国，这并不简单。韩国人只有在发生重大灾难或悲剧时，

1　司空英浩，《"世越"号沉船事故和管制失败的性质》，《管制研究》第 25 卷第 1 期，2016。本章提及的数据皆参考该篇论文。

才会认识到问题的严重性。

如果船只进行了增建和改造，相关部门就需要重新计算该船只改造后的货物装载标准。为增加更多客舱，"世越"号的高度也增加了，并需要更多的压舱水（ballast water）来提高复原力。管理机关下达指示称，应该将压舱水从 370 吨调整为 1700 吨，并将货物装载标准从原来的 2525 吨减少到 1070 吨（也有应该从 2437 吨减少到 987 吨的说法）。然而，对于清海镇海运公司是否遵守了标准，管理机关并没有严格监督。

随着廉价航空的普及，乘船前往济州岛的人变少了，因此公司决定通过提高货运费弥补赤字。建设济州岛必须从内陆运输大量建筑材料，对货物运输的需求很大。货物司机们通常使用仁川港的货运服务，而不必前往全罗南道的木浦市或莞岛郡。激烈的竞争下，对于清海镇海运公司来说，装载的车辆和货物就是金钱，他们未经批准就使用了 785 个 D 形环作为固定装置。从 2013 年 3 月起，"世越"号的 241 次航行中，超过一半的航次都是超载的，共收取了 93 亿韩元的货物运输费。按照标准计算，最高运输费应为 63 亿 5276 万韩元，也就是说，其中包含了 30 亿韩元的不当收益。[27] 然而，这件事从未被曝光。

他们在上限为 1000 吨的船上装载了 2000 吨 ~3000 吨的货物，导致船的吃水线（船体被水淹没的界限）下

沉。为了维持船的重心，清海镇海运公司选择减少本不
该减少的压舱水。通常情况下，随着货物增加，压舱水
的确会相应减少，以配合整艘船的重量，但"世越"号
减得太过分了。再加上船体改造后，重心提高，只要压
舱水有一点不足，复原力就会消失，船体就会处于危险
状态。如果复原力消失，最终就会导致船体倾斜。但在
公司眼中，虽然复原力相对弱了，但货物已经装载完毕，
无论如何都得出发。这种危险状况持续了很长时间，即
使公司内部有人质疑，也被忽视了。为了维持生计，员
工们只能对可能导致死亡的超载现象视而不见。由于连
续几个月没有发生任何问题，这些员工也开始认为之前
的担心都是多余的，也许还会互相安慰："当时没有做
出格的事让公司承受损失，真是万幸啊。"

公司绞尽脑汁寻找方法来减少开支。比如主要雇用
非正式员工，全体员工一年的安全培训总费用仅为54.1
万韩元，所谓的培训也不过是发一些传单。然而，公司
在招待费（大约为6000万韩元）和广告费（大约2.3亿
韩元）上却毫不吝啬（以2013年的数据为准）。大部分
招待费都用在了负责批准船只相关事宜的人身上。也许
正因如此，检查结果才一直都是"无异常"。2014年2
月10日，"世越"号接受了200多项检查，没有发现任
何问题；46艘25人用救生艇（救生筏）也处于可以使
用的状态。同年2月25日，"世越"号又接受了来自5

个机构的特别检查，但结果都非常"干净"，评定结果为"良好"。从文件上看，"世越"号是完美的。

2014年4月15日，"世越"号直到21点才出航，比预定的时间晚了两个半小时。由于大雾的原因，有人建议再等等，但"世越"号还是出发了。当时的能见度只有800米，理论上是不能出航的，可"世越"号还是得到了许可。对于当时的情况，船长表示："公司让我这么做，我也无可奈何。虽然我是船长，但在这里谋生，这也是无法避免的。"[28] "即使不确定，但以防万一，还是先提出问题"的质疑态度，对韩国人来说是很陌生的。在相同的状况下，即使感觉有点含糊，也还是会像平时一样做事，这是对所有人都有利的态度。于是，阻止这场惨剧的最后机会就这样失去了。

当天，没有人质疑"世越"号装载的3608吨货物是否存在问题。这艘船上一半的乘务员都是合同工[1]，船长和舵手也都是临时工。这些工作不稳定的人，很难去关心船只是否超载，他们只有听从公司的指示，才有机会上船。"世越"号共装载了185辆车，远远超过了最大限载量99辆。船上的集装箱仅用绳索固定，无人看守。包括船员在内，船上共有476人，其中有325名参加修学旅行的高中二年级学生和14名教师。

1　指通过合同约定一定的劳动期间、方式，以及工资等，仅在此期间内维持雇用的职位和职务。

第二天，也就是 4 月 16 日，可怕的事发生了。上午 8 点 48 分，由于航线突然转变，船体在转弯时发生了倾斜。通常在复原力正常的情况下，船体在发生倾斜后往往不会继续倾斜。但由于这艘船掌控船体平衡的压舱水严重不足，船只无法再回到原来的状态。但这并不代表船一定会沉没。然而，没有固定好的车辆和货物全都涌向了一侧，船体出现了漏洞。水势不断上涨，船体下沉加速。尽管如此，距离船体彻底没入水中，还有 100 多分钟的时间，这个时候还有机会展开救援。可结果是残酷的，不是没能完成救援，而是救援根本就没有展开过。

　　最初的报警并非来自船员，而是来自学生，报警时间为 4 月 16 日 8 点 52 分。8 点 56 分，船舱里还在播放着"请在船舱里等待"的广播。事故发生后不久，附近正在作业的 20 多艘渔船和海警警备艇已经赶到现场进行救援，此时是 9 点 32 分。只有极少数乘客从船上成功逃生。海警救援船靠近时，船长和部分船员首先登上了救援船，此时是 9 点 46 分。船员用无线电告诉海警，船上有 400 多人，还需要更大的船。在船上，船长拥有绝对权力，但他在离开前甚至都没有下达撤离的命令，哪怕只是说一句"无论用什么方法，都请大家快点逃生"，或许几百号人也不会就这样死去。更可笑的是，乘警备艇靠近"世越"号的海警也没有向乘客传达"乘客们必须立即从船舱里出来"的信号。最后，最高法院以故意杀人罪判处船长无期徒刑。

海水涌入船舱后，一名学生在 10 点 17 分向陆地发送了最后一条信息，这是人们能够采取措施的最后时间。接着，10 点 31 分，"世越"号完全沉没，慢慢隐匿在水中。参加修学旅行的 325 名学生中，有 250 名未能生还。14 名带队教师中，有 11 名教师和他们的学生一起失去了生命。以一般船舶事故的存活率来看，"世越"号沉船事故 36% 的生存率是非常低的。作为参考，"泰坦尼克号"沉船事故的存活率是 32%（共 2224 名乘客和船员，710 人获救）。

不该说"仍然"，应该说"今后要"

尽管"世越"号正在快速沉没，但它仍然漂浮在离陆地不远的地方，在完全沉没之前，至少还有一个多小时的时间。如果救援工作有序地展开，将有更多人幸存。然而，救援工作杂乱无章，甚至连指挥塔台都没有。更荒唐的是，青瓦台在这个紧急时刻还数次要求海警播放将要向总统展示的视频。

"为了向 VIP（总统）报告，你能把你收到的视频用手机播放一下吗？"（2014 年 4 月 16 日上午 9 点 39 分）

"可以发一下现场视频吗？照片也可以。"（2014年4月16日上午10点09分）

"带着指示去，叫他马上发视频。不要干别的事，马上先把视频传过来。"（2014年4月16日上午10点25分）[29]

指挥体系和指挥塔台都非常混乱。10点25分，有人下达"不要干别的事"的命令，此时距离最后一位幸存者能够生还的时间仅剩1分钟。[30]人们在现场痛哭，在了解事情真相后变得更加愤怒。当时，青瓦台正忙于向总统汇报消息，证明"一切正常"。在事件发生7小时后，总统还像平时一样，在请美容师打理头发后才露面[1]，并说出"学生们都穿着救生衣，有这么难发现吗"，这表明她根本没有掌握事件的基本情况。《大韩民国宪法》第34条第6项规定国家应预防灾害，努力保护国民免受危险影响，但在韩国，这一条款并未得到真正落实。

大众媒体存在更加严重的问题。在船体倾覆后的11点01分，电视上出现了"全员获救"的大字幕。在没有确认事实的情况下，媒体直接报道了檀园高中讲堂里不知名人士的话。MBC电视台最先发布了这条误报，

---

1 对于这个表达，我苦恼了很久，因为很有可能被误解为带有歧视女性的意思。我并不想强调"因为总统是女性所以才会迟到"，而是想表达"作为总统，迟到本身就足以成为问题"。（作者注）

接着 YTN、SBS 等其他电视台也不加核实地传播了出去。京畿道教育厅以此为证据，向参加修学旅行的学生们的监护人发送了"全员获救"的短信。即使在 KBS 电视台于 11 点 24 分更正 MBC 的报道后，误报仍然像独家新闻一样继续播放着。[31]

媒体系统根本没有起到任何积极作用。惨剧发生当天，仅有 16 名潜水员参与了救援行动。然而，公共电视台的新闻标题却声称"陆海空总动员，在天空和海洋中开展了多维救援"（KBS 新闻 9 台），"救援行动共出动了 23 艘军舰和 1000 多名士兵"（MBC 新闻台），"后期救援出动了直升机、舰艇和渔船"（SBS 8 点新闻）。记者们为了争抢"独家报道"在彭木港[1]折磨幸存者，对获救的学生提问："你是否知道你的朋友已经死亡？" 4 月 16 日下午，网络上甚至还出现了"船舶事故相关电影"的兴趣推荐。

我们明明认识到了这种荒谬感，却仍要忘记"世越"号事件吗？我知道很多人已经对"世越"号事件感到疲倦了，但是，让我们回想一下 2014 年 4 月 16 日当天整个韩国的状况吧！如果我是当事人，我不会再相信政府说的任何一句话。尽管与"世越"号相关的真相已经被揭露得差不多了，但是遗属们仍然持怀疑的态度，这并

1　"世越"号沉船事故后，已更名为"珍岛港"，但仍有很多人使用旧称。

是我的错吗？

不意味着他们有什么不良的意图。在混乱的社会系统下，受害者的反应是正常且正当的。

为了取材，我观看了李乘俊导演的《正义仍缺席》（2018），该影片曾获第92届奥斯卡纪录短片提名。在28分51秒的影片中，我几乎无法抑制内心的愤怒和撕心裂肺的痛苦，这种情感不仅仅是我个人的。很多人应该还记得惨剧发生的那一天，在看到新闻后他们食难下咽，而光是看到外面的风景，对很多人来说已是奢侈，这让人心痛。这种心痛是"社会"的心痛，也是"历史"的心痛，我们无法避开它，更不能忽略它。

有一个成语叫"覆车之戒"——当看到前面的车翻倒时，要保持警惕，从失败中吸取教训，之后必须做出改变。首先，我们要与痛苦产生共鸣。但实际上，与遇难者、遗属感受到"同样的情感"是不可能的。我在电视上看到"世越"号沉没的场景时感受到的心痛，在"绝食斗争"现场看到暴食的人们时感受到的心痛，也不可能与遗属的相同。我的无力感不可能与他们的无力感相同，也不应该相同。我不该指责他们没有按照我的标准去生活，我要为了缩短我们之间的距离而努力。我们应该追悼"世越"号事件的遇难者，而不是指责那些还在关注此事的人。追悼不仅仅是一种情感，更是每个人应该承担的社会责任。只有我们具备积极的市民精神，社会才能走向正确的方向。

自"世越"号事件之后，韩国社会发生了哪些变化呢？从小学生开始学习"生存游泳"这一点就可以看出，我们对安全问题更加敏感了。然而，"世越"号的悲剧并不是不会游泳造成的。如果我们依旧把效率而不是安全放在首位，并认为"公共价值"毫无意义，那么认定韩国社会"已经改变了"还为时过早。在追逐金钱利益的路上狂飙，必将因刹车失灵坠落悬崖，这也是沉迷于利润和效率的"世越"号沉没的原因。虽然许多韩国人经常对名为"大韩民国"的船自吹自擂，但每当波涛汹涌时，他们又都会在这艘漏洞百出的船上感到不安。

在追悼的同时，我们应该对韩国社会错误的价值系统给出警告。只要嘲弄死亡、嘲弄悲剧的人还存在，我们就会再次感受到同样的痛苦。我们绝对不能忘记，那些诸如"都已经是过去的事了，为什么还要抓住不放""追悼能当饭吃吗""事已至此，就不要继续计较了"的想法，恰恰是这个荒诞的系统最想得到的结果。

故事仍未结束，
"我们不会忘记"

在济州生活的人可以感受到，济州岛起义[1]并不像

---

1 济州岛人民反对美军和李承晚政权统治的起义。1945 年 9 月美军占领朝鲜半岛南部，实行军政统治。1948 年 4 月 3 日济州岛人民发动大规模起义。当局调集军警对起义者进行镇压，斗争持续至次年结束。

是我的错吗？

"世越"号惨案一样存在如此严重的争议。当年起义的痕迹在济州随处可见，即使韩国政府一直回避屠杀平民的事实，济州人民仍然坚持记住这件惨案，并对政府问责。正是由于这种坚持，此事件才成为韩国历史不可磨灭的一部分。当然，仍然有政治家从理念上对此事进行评判，遗属们依旧很难获得补偿。

肯定会有人怀疑，20世纪70年代的诸般韩国现代史悲剧就没有"世越"号沉船事故重要吗？与其他灾难相比，人们对"世越"号是不是过度关注了——于是，本该被人们铭记的悲剧开始模糊。然而，他们怎会不知道，遗属们正是因为担心这件事情会像其他悲剧一样被人遗忘，所以才会如此痛苦。牢记"世越"号惨剧的承诺，不仅意味着记住2014年4月16日这一天，也意味着要追究韩国社会在这件事之后应承担的责任。这个承诺将一直持续下去，直到永远。

"有些人很难从悲伤中走出来，他们试图通过否认或忽略事实来逃避悲伤。但是，逃避只会成为匕首，再次将悲伤囚禁在人们的心中。"[32]

当希特勒承诺通过雅利安人的优越性神话实现"民族的伟大"时，赋予他权力的正是德国人民。[33]

——帕克·帕尔默

美国教育领袖和社会运动家

第十一个事件

我们何时会遗忘呢?

—"记忆与遗忘的斗争"[1],朴槿惠弹劾案—

电视剧《雪滴花》的争议

电视剧《雪滴花》以 1987 年的首尔为背景,讲述了浑身是血闯入女子大学宿舍的大学生秀浩,与为他治疗、帮他藏匿的女大学生英路之间的爱情故事,而"运动圈学生"[2]秀浩实际上是一名"南派间谍"[3]。

这一设定引发了韩国大众的争议。人们认为这部剧诋毁了韩国民主化运动,还将警察的非法搜查合理化,美化安企部[4],等等。在对这部电视剧的批评上,所有人都成了专家。人们仅仅通过故事梗概就认为这部电视剧存在问题,并向电视台提出抗议,要求制作组承担责任。他们分析导演和编剧之前拍摄过的作品,要求演员

---

1 取自米兰·昆德拉《笑忘录》中"人与权力的斗争,就是记忆与遗忘的斗争"一句。

2 指代韩国当时积极参加劳工运动、学生运动等社会改革运动的学生人群。

3 韩国把朝鲜派往韩国的开展间谍活动的人称为"南派间谍"。

4 全名为国家安全企划部,韩国国家情报院的旧称。

表明立场，无论如何都要找出其中可能存在的问题，甚至还有一些人去青瓦台请愿，开展阻止电视剧播放的集体活动。在互联网时代，人们可以通过各种渠道表达自己的意见，但如果这种表达导致创作者失去创作自由，情况就不一样了。经媒体报道，争议愈演愈烈，制作组多次强调自己的立场，劝告观众"不要臆测"，以避免引起更多争议。

我认为，打击创作者的创作意志，仅因个人厌恶要求禁播是很过分的。一部艺术作品只要诞生，就必须接受大众的批评或赞扬，这是艺术作品的命运。但将创作者置于砧板上，并不是一种普遍权利。

社会应该在言论自由的前提下为言论输出设定明确的标准和规范，类似市场经济——如果"市场"能够对言论进行冷静的评估，"言论自由"就不会被大众滥用了。虽然法律无法惩罚那些煽动歧视和憎恶的政治家，但如果"市场"能自我调节，迫使他们退出政治舞台，那也是运转良好的证明。

但我们也不能忽视该剧引起愤怒的原因。这部剧涉及敏感时期的一些事件，超出了普通的言论自由能容忍的范围。需要深究的是，仅仅在真实历史基础上添加一些虚构的情节并不足以让大众兴奋，人们为什么会对这部电视剧感到恐惧和不安，紧抓着不放呢？

对韩国人来说，20 世纪 80 年代是一个沉重的年代，恐怖政治带来的影响一直存在。为了揭穿暴力政权的不正当性,深受野蛮独裁压迫的人们再次走上艰难的对抗之路,正因为这些人的付出和牺牲,韩国的民主化才得以实现。民众普遍认为这不应成为一个轻松、简单的创作素材。

韩国的民主化历程也是一段"被诋毁的历史"。比如,全斗焕政府非常精明,在执政期间不断制造以全罗道地区为舞台的间谍故事。为了激起国民的恐惧,政府故意编造虚假信息,例如"间谍家族和间谍渔夫会假装乘船抓鱼,掩盖真实目的",让人们相信暴动是朝鲜指派间谍煽动的,掩盖真相,使人们无法正确看待发生在1980年5月的光州事件。对一些人来说,这是永远无法结束的噩梦。许多人虽然没有亲身经历过,但仍会同情经历过的人,这种情感转化为"担忧",通过电视剧《雪滴花》表达了出来。所以在这里,我要提出一个争议性问题——对我们来说,国家的本质是什么?

很少有总统会遵守宪法

总统在就职时,要做出以下宣誓:

我在全国人民面前郑重宣誓,我将遵守宪法,保卫国家，增强祖国的和平统一和人民的自由与福利，为了民族文化的繁荣而努力，忠诚履行总统职责。

——《大韩民国宪法》第 69 条

宣誓已经变得毫无意义。虽然所有韩国总统都会庄重地重复这段话，但是大部分总统并没有把宪法放在心上；虽然法律规定行政、立法和司法三权应该相互制衡，但实际上这种制衡并没有发挥作用。比如，根据宪法规定，韩国首任总统李承晚最多只能连任一次，但他却连任了 12 年。1954 年，他强行修改宪法来维护他连任的合法性，甚至还因此动员了多名大学教授。在投票表决中，他需要得到三分之二在籍议员的支持，数字上是 135.3333 人，相当于得到 136 张票。但他提出了毫无根据的"四舍五入"主张，声称 135 人也可被视为三分之二。政府轻视国民的知情权，才使"3·15 不正当选举"[1]成为可能。将这次选举称为史上最糟糕的选举也不为过，由于作弊过于严重，一些地区的投票率甚至超过了 100%。

当时的韩国表面上宣称实行民主主义，但实际上是

1　指韩国前总统李承晚于1960年3月15日举行的不正当总统选举，导致了"4·19 起义"和李承晚政权的崩溃。

独裁政权限制着人民的自由和权利。"4·19起义"[1]期间，国民冒着生命危险对无视宪法的总统进行审判，而警察则在镇压示威的过程中多次向国民开枪。1960年4月19日在首尔参加示威游行的10万人中，死者超过100人，这一天被称为"血色星期二"。尽管可能会遭到枪击，但国民并没有屈服，李承晚政权终于倒台。如今，宪法中包含的反对不公正的民主理念就是从"4·19起义"中继承下来的。

虽然韩国国民希望民主主义能够顺利发展，但是第一任总统长期掌权的现象却成为继任者们的不良榜样，按照自己的喜好遵守"修改后"的宪法已成为他们的恶习。1961年5月16日军事政变[2]后开始掌权的朴正熙，曾多次修改宪法以维持自己的总统职位，直到他1979年10月26日去世为止。他几乎制定了一部可以让他永

---

1 亦称"四月革命"，韩国人民推翻李承晚政权的斗争。1960年3月14日起，马山市大学生举行示威活动，抗议李承晚政权举行的非法总统选举，当局派出警察镇压，造成流血惨案。4月19日汉城（今首尔）大学生和市民10余万人示威声援马山市的斗争，要求李承晚下台，26日汉城爆发50万人示威，次日李承晚被迫下台，结束其12年的独裁统治。

2 1960年李承晚政权垮台后，民主党通过国会选举执政，张勉出任责任内阁总理；翌年5月16日朴正熙等陆军少壮派将领调动军队，以"军事演习"为名，在首都汉城（今首尔）发动政变，宣布解散国会，禁止政党活动；18日张勉内阁辞职。次日政变者成立"国家再建最高会议"，朴正熙掌握实权，20日成立由军人组成的临时内阁。

久执政的"维新宪法"。[1] 如果他没有被下属击毙，他将一直担任总统到1984年，之后也会以6年为单位，继续延长任期。1979年12月12日，全斗焕政权发动政变成功，并在体育馆内通过间接选举成为总统，与古代王朝继承没什么两样。

我们赞美制宪节[2]，是因为韩国民主统治的基本原则正始于韩国最初的宪法。尽管这个时期的国民生活水平看起来不错，但实际上支配他们生活的基本准则非常可怕，许多人还在被迫接受刑讯逼供。在不合理的权力结构下，腐败更是司空见惯，官商勾结也成为惯例。卢泰愚前总统在任期内从韩国企业和财阀处获得5000亿韩元的"统治资金"[3]，在他离任后，由于秘密资金[4]问题曝光，共有36名财阀受到了检察机关的调查[34]。

尽管在1987年6月，人民的民主抗争推动了总统直选制，得以对抗军事独裁，但遗憾的是，在同年12

1　"维新"指十月维新，亦称"维新政变"，朴正熙政权为加强其独裁统治而发动的政变。1972年10月17日总统朴正熙宣布全国实行"非常戒严"，解散国会，禁止一切政治活动，并出动军队在首都汉城（今首尔）布防。11月通过宪法修正案（亦称《维新宪法》），取消原宪法中限制总统连任三届以上的条款，总统任期由4年改为6年，扩大总统权力，并将原由选民直接选举总统的方式改为由朴正熙任议长的"统一主体国民会议"选举。

2　韩国节日，定于每年的7月17日，以纪念1948年同日《大韩民国宪法》的颁布。

3　在选举过程中，从经济界收取"统治资金"，已成为韩国的一种政治文化。卢泰愚将该5000亿韩元称为"统治资金"，称其为"我国政坛的长期习惯"。

4　独裁者常为维持权力或应对丧失权力后的局面筹措秘密资金。

月的选举中，军人出身的候选人卢泰愚再次当选总统，留下了"未完成的革命"的遗憾。此后韩国各方面的民主主义发展都不尽如人意。尽管 1993 年 2 月就任的金泳三总统标榜自己领导的是"文人政府"[1]，他的上台也象征韩国军事独裁政权时代的结束，但实际上，他是在 1990 年 3 月扎根军方的政党合并之后才登上了总统的位置。因此，他的执政依然面临很多限制。尽管他的一生都在争取权利，与独裁斗争，并作为在野党领导人屡遭打压，但在既得利益的权力体制中打转也是他成为总统、打开青瓦台之门的必要步骤。

我们在面对这样的世界时，往往会感到绝望。然而，想创造一个不轻言放弃、没有懊悔的社会，仍需要不断努力。民主主义绝不是凭空出现的。正是这些国民不怕挫折，忍辱负重，勇敢抵抗不正当权利体系，才最终推动了民主主义的发展，开创了一个新的历史时代。总统严格遵守国家制定的宪法来领导国家，光是巩固这个基础就花费了很长时间。虽然人们认为现在的领导人不会再用欺诈或愚弄的手段来欺骗国民，但实际情况并不是这样。

鉴于被告人的违法行为给宪法秩序带来了负

1　金泳三政府是韩国保守政党执政政府之一，主要口号为"创造新韩国、国际化、世界化"。"文人"即"与军人相反的普通国民"，表示其不同于过去朴正熙、全斗焕、卢泰愚这些军部出身的总统，而是"民间出身"的总统。

面影响，并引发了严重的扩散效应，罢免被告人将对维护宪法秩序和民主正当性产生积极影响，这种影响的价值要远远大于罢免总统对国家所造成的损失。因此得出结论，应罢免被告人的总统职位。

——宪法法院总统（朴槿）弹劾案部分判决书

2017 年 3 月 10 日上午 11 点，宪法法院代理院长李贞美法官平静地朗读了朴槿惠弹劾案的判决书。这是韩国宪政史上首次通过针对现任总统的弹劾案。虽然之前已经出现过几次总统自愿辞职的情况，例如李承晚、尹潽善和崔圭夏，但朴槿惠是第一位按照宪法程序遭到国民解雇的总统。

国家应是无人格的

总统将本应为国家服务的职员用于个人需求，还指派秘书将包含公务机密的人事、会议资料等信息提供给民间秘密线人崔书媛（原名崔顺实）。作为回报，崔某不仅得到了名牌包和数千万韩元的佣金，还计划借助青瓦台的权力，向大型企业推荐熟人公司的商品。总统不仅没有阻止这样的行为，反而要求经济首席秘书积极提供帮助。大型企业对于被要求与不在其合作伙伴名单上的企业签订合同感到非常担心，但还是同意了，并不是出自客户需求、商品品质等经济因素的考虑，而是出自政治层面上的担忧。也许有些人会问，为什么企业没有坚守原则？历史的教训仍在，企业早已明白拒绝的代价有多惨重，也深刻认识到企业无法与政治权力对抗。这是一次意义深刻的历史事件，而令公众更加愤怒的是，犯错和再次犯同样的错误，性质是完全不同的。韩国的民主化进程中，很多人牺牲了；然而，朴槿惠作为民主国家的领导人，其行为和民主化思想完全悖离，其形象更不符合民主价值观。

有一则故事证明了崔书媛的影响力。在一场马术比赛中，崔书媛的女儿赢得亚军，但赛后出现了很多有关冠军选手得到特别待遇的传闻，最终使得大韩马术协会介入。负责调查的公务员 A 按照规定和原则正直地提交了相关报告，指出"崔某一派和其反对派两者都存在问题"。崔书媛了解到该报告后十分愤怒，要求总统对该公务员实行降职处罚。总统把相关部门的部长叫来，指着那位公务员的名字说他是个"坏家伙"，并要求对一个在体育领域工作了二十多年、通过了行政考试的局长进行降职处理。被降职为闲职的 A 某明白，继续争辩会给同事们带来不利影响，于是选择提前退休。由于无法证明总统亲自下达了解雇指示，这一事件没有成为弹劾原因之一。但在国政垄断审判之后，这种行为被认定为滥用职权、妨碍司法公正，因为最高权力者的话语对下属来说具有高度的权威性，甚至可以被解释为命令，就算没有直接说出来，下属也通常会根据暗含的信息采取相应的行动。

朴槿惠动用了一切手段，让企业为与崔书媛关联的两个民间组织提供资金，她的经济首席秘书官甚至亲自出面协调，筹集资金总额高达 774 亿韩元。[1] 一些没有做过任何实质性工作的民间财团顺利得到了认可，随后企业便为这些组织掏出了大量的资金，就好像这些组织掌握了企业的把柄一般。有媒体因此生疑，进行了深入调查。于是，2016 年夏天开始，朴槿惠政权的真实面目被公之于众。在局势渐渐不利的情况下，朴槿惠前总统在 2016 年 10 月 24 日的国会施政演说中突然提出要修改宪法。朴槿惠在任期间，一直对修宪持消极态度，她在 2015 年的新年记者招待会上曾说过："如果我们为了修宪不顾一切，却无法恢复经济活力，这将会对国家和人民产生负面影响。"在 2016 年的新年记者招待会上，她说："修宪会导致不可挽回的后果，韩国在现有情况下也无法承受修宪带来的时间和资源的消耗。"在 2016 年 4 月的一次媒体座谈会上，她又说："在目前的状况下，修宪是无法拯救经济的。"在发表这些反对修宪的言论

1　这是在国政垄断审判起诉时发现的金额。

是我的错吗？

之后 [35]，却突然宣布自己准备修宪，无疑是一种欺骗行为。

JTBC 电视台报道称，记者在崔书媛的平板电脑上发现了 200 多篇与青瓦台相关的文件，这是一个决定性的证据。崔书媛每次都会事先获取总统的演讲文稿，并对其进行修改。连所谓的就任致辞，也完全出自崔书媛的手笔。在总统大选中，朴槿惠前总统获 1577.3128 万张票，为历届最高投票数，但实际上她只是一个傀儡。尽管朴槿惠前总统在 JTBC 报道的第二天承认了和崔书媛的关系，并向公众道歉，但这无法平息国民心中的怒火。

2016 年 11 月，很多人在光化门广场举起蜡烛，高喊着："这还算是国家吗！" 2017 年 3 月，约有 1700 万人参加了烛光示威活动，不论男女老少都聚在了一起。在烛光示威期间，没有暴力事件发生，人们井然有序地表达着诉求，就连海外侨民也纷纷举起了蜡烛。在民众强烈的反应下，韩国国会只能回应。2016 年 12 月 9 日下午 4 点 10 分，国会投票通过了朴槿惠弹劾案，赞成 234 票，反对 56 票，弃权 2 票，无效 7 票。接着，韩国宪法法院于 2017 年 3 月 10 日正式罢免了朴槿惠。之后，朴槿惠因涉嫌垄断国政，干扰国家情报院特殊活动费上缴，干预总统选举公正性等被拘留，最终被判处 22 年有期徒刑（罚款 180 亿韩元，追缴金为 35 亿韩元）；而崔书媛因涉嫌滥用职权、帮助子女入学考试舞弊等，被判处 21 年有期徒刑（罚款 200 亿韩元，追缴金 63 亿韩元）。

这次烛光示威，不是某个特定的政党或团体发起的，而是由市民自发组织的公民行动，没有领导者统率，是具有民主意义的活动，向外界表明了韩国人民的意志。韩国人民不会任由艰难获得的政治进步再次遭到玷污和破坏。美国《纽约时报》对韩国的烛光示威活动给予了肯定和赞扬，认为它是在反对韩国几十年的不当政治秩序。人们已经意识到，不能再对凌驾于法律之上的总统视而不见，即使是通过民主程序当选的总统，如果其行为违反了民主原则，国民就会通过民主程序让其下台。

国家应具备"无人格"的特征，由公正的系统运作，而不是由某个人来掌控。如果国家的法律体系还和过去一样，建立在所谓"王"的个人意志的基础上，那么这个国家就不是"法治国家"，而是"人治国家"。国民对当前的国家状况感到不满时高喊的"这还算是国家吗"，实际上是在强调国家制度和体系的重要性，因为他们没有忘记国家体制杂乱无章的时代。

我们无法掩埋过去，走向未来

有人可能会问，朴槿惠前总统能力不足，应该受到批评，但令其服刑 20 年之久，显得矫枉过正。但从结果上来看，这种说法是自相矛盾的。国情院收取了 35 亿韩元的特别活动费，但朴槿惠前总统却将这笔钱投入个人用途，如照顾自己的亲信，管理私人住宅等，这种"国库私有化"[36] 行为本身就不符合总统应该具备的资格和素养。朴槿惠的支持者还认为，韩国《刑法》第 84 条规定，总统在职期间拥有不受起诉的权利，考虑到前总统李明博在卸任后才接受了法律审判，而朴槿惠在任期内就被弹劾并被赶下台。

但是，民众情绪的爆发并非没有原因。韩国国民并不认为总统的腐败只会"令人寒心"，而是认为"那个时代又卷土重来了"，因为现任总统的言行正是在不断强调这段"不该重演的历史"。人民已经不能等到下次选举时再对总统进行审判了。

朴槿惠在政治生涯中一直试图强调朴正熙时代的政策方向具有积极性。例如，朴槿惠认为"5·16 政变"是一次救国的革命。同样，她把朴正熙的"维新"描述为一种国家发展的必要战略，试图掩盖"5·16 政变"和"维新"中的政治迫害和人权侵犯的负面影响。如果仅从朴槿惠是朴正熙的女儿这个角度看待，或许可以理解。但是，我们不能只看到政治人物好的一面，而忽视他们的负面行为或错误决策，这是一种狭隘的历史认知。否定过去的错误，将其描述成一种积极的行为，是对历史的歪曲。

在 2012 年总统大选开始前，人们问朴槿惠是否会向"人革党事件"的受害者道歉，她声称"大法院已经做出了两项判决"[37]，并没有明确给出回答。"人革党事件"把一些无辜的国民当成所谓的间谍，是"世界上最恶劣的司法杀戮"[38]事件之一。朴正熙独裁时期，政府无故指控一些普通的市民为间谍，在 18 个小时内把他们押送到刑场处决，这一天被视为"司法史上最黑暗的一天"，那个时代也是耻辱的时代。然而，朴槿惠却声称当时的判决也很重要，这多么荒唐！ 1975 年 4 月 8 日的判决中，有 8 人被判处死刑，另外 7 人被判处无期徒刑。32 年后的 2007 年 1 月 23 日，这些人才被改判为无罪。在那个时候，只要有人喊出"打倒独裁"的口号，就有可能被政府指控为叛国者，遭受来自政府的指控、拷问和定罪。除此之外，媒体还会大肆宣传这些人已被朝鲜控制，使得他们的名誉很难恢复。

朴槿惠在任期内还推动了历史、国政教科书的教学项目改革进程，目的正是否认"批判性历史观"。她机械地讲究"均衡的历史观"，像被加上重复记号一样，不断强调不应侧重于任何特定理念，声称"虽然历届政府犯了错，但同样也有功绩""在当时的情况下，国家只能选择压制民主主义，必须要均衡考虑民主化的正当性"。正是因为领导者的这种态度，社会上持相同想法的人也在不断增加。我在大学教课时，也收到了一些学生的评价，说我"只会说朴正熙总统的坏话""过度美化光州事件"，等等。纠正一次错误的历史发展方向，确实需要花费大量的时间和精力；可每当出现问题时，朴槿惠总是这样回答："纠结于过去是没有意义的，让我们向未来前进吧。"[39] 面向未来没有错，但只有正视过去的错误和挫折，才能留给我们的后代一个更好的未来。朴槿惠弹劾案是一场永远值得记住的斗争，它让韩国国民警醒起来，拒绝遗忘那段可怕的历史。

故事仍未结束，
"均衡的历史观"的陷阱

电影《王者制造》（2022）讲述了韩国前总统金大中的政治生涯，从 1961 年江原道麟蹄郡国会议员补缺选举开始，到 1967 年木浦地区的国会议员选举，最后再到 1971 年的第七届总统选举。这个时期的韩国本就充满了激烈的政治竞争，在历史事实的基础上，该电影清晰地展示了执政党在政治圈中的各种手段（如何妨害对手，如何为了赢得选举进行不正当的谋划），自然地展现了 20 世纪 60 年代至 70 年代军事独裁政权的大权在握，以及与在野党的对立。甚至有人认为，这就是电影选择在第 20 届韩国总统大选前的 2022 年 1 月首映的原因，这部电影的目的是通过描绘糟糕的保守势力形象来帮助进步势力。

但也有人认为这部电影不合逻辑，指责其存在意识形态的倾向性，不仅将朴正熙前总统描绘成一个恶魔，还会误导不了解历史的青少年，不利于他们保持"均衡而客观的历史观"。然而，在讨论独裁这一显而易见的"过"时，却要求同时评估这位独裁者的"功"，这样就是公正了吗？对于把不公正选举当作常态、试图通过修改宪法成为总统的政治人，以及那些想要长期把持特权的政治人和他们的追随者，我们对他们的批评也需要保持公平和客观吗？值得思考的是，这种机械的"均衡"也对其鼓吹者、政治人朴槿惠的成功和没落产生了巨大的影响。

原来你有计划啊!

　　　　　——电影《寄生虫》中父亲基泽的台词

第十二个事件

我们还是天真地相信着

—公平的错觉，"曹国事件" [1]—

你站在谁那边？

2019 年 10 月 14 日，文在寅政府任命的法务部长官曹国在就职 35 天后便宣布辞职。总统的任命权具有象征意义，从 8 月 19 日曹国获得法务部长官提名起，到辞职的 66 天内，围绕他的争议冲破了媒体圈和政治圈，超越了其他话题的热度，光问卷调查就进行了几十次。

曹国的女儿的自我介绍书中有虚假实习经历，在没有做出任何贡献的情况下，充当了檀国大学研究室发表的一篇论文的第一作者，存在入学舞弊嫌疑。[2] 许多人

---

1 2019 年 12 月 31 日，韩国法务部前长官曹国因涉嫌子女入学舞弊和阻碍青瓦台独立监察组调查而被起诉。2023 年 2 月 3 日，首尔中央地方法院一审认定对曹国有关子女升学舞弊的大部分指控成立，判处曹国有期徒刑 2 年。

2 韩国高考主体是大学修学能力考试（대학수학능력시험），简称"修能"（수능），也就是"定试"（정시）；2008 年开始，韩国进行了高考改革，扩大了以学校生活记录簿和内审为基础的"随试"（수시）比重。包括首尔大学在内的多所大学将"随试"比重从70%提高到80%，推翻了以往"一考定胜负"的体制。高中内审成绩和学校生活记录簿中学生个人资历积累的公平性存在争议。曹国女儿的入学舞弊即在学校生活记录簿中造假。

怀疑曹国的女儿得到了教授给予的特别照顾，由此引发了一场关于道德、责任和地位的激烈辩论，而这也成为整个"曹国事件"的导火线和中心。如果这些怀疑是事实，曹国不但会遭到道德上的严厉谴责，也难逃刑事处罚。社会被掰成了两半，每周都有不计其数的人在光化门广场前举着"曹国卸任"的标语开展示威活动，瑞草区最高检察院前涌现的群众则以点燃的蜡烛呼吁"守护曹国"。如果站在一方立场上撰写拥护文章，大概几页纸就足够表述；但如果写批判文章，熬一整夜也难以穷尽话题。也就是说，当出现不同的观点时，人们最先关心的，不是观点本身的逻辑性，而是该观点是否与自己的想法相符——"所以你站在谁那边？"

社会性问题一旦政治化，人们的言论就容易变得草率，问题本身也变为不同阵营间的对抗，阵营双方互为敌军。"阵营"最初就是用来指代政治或军事上对立势力的词语，而在战争中，听从命令向敌军开枪并不会被判处杀人罪。突然，人们身上的标签丰富了起来，"赤色分子""极右主义者"等词出现了。论争到了这一地步，人们对状况的判断就不再基于一般常识，坦率与实用性也不总是人们优先考虑的因素。他们认为，比起自己持有的逻辑，阵营的逻辑更加重要。

随着检察机关的介入，检方调查的公正性等也成了备受关注的问题；另外，由于检察机关对其女儿、儿子、夫人乃至堂兄弟都开展了调查，自我介绍书中每一句话都要逐字追究，这明显不符合常理，所以对这种"人肉搜索"的抗议也接连不断。卢武铉前总统在卸任后也遭受了来自检察机关的各种侮辱，有阵营认为曹国的遭遇与之相似，并将这一事件解读为对进步阵营的攻击；其他阵营则指责，曹国本人一直致力于批判社会不公，寻找实现社会公平的途径，文在寅政府更是以"机会平等，过程公正，结果正义"作为口号，可面对曹国现实生活中的"双重标准"，他们不理解为什么进步阵营要拥护他。两种意见针锋相对，一方认为这是明显的个人犯罪行为，而另一方认为其女儿的问题只是入学竞争中不可避免的"自夸"。

尽管"曹国事件"让公平的话题重新浮出了水面，但随着讨论逐渐陷入阵营逻辑，公平成为在这个"泥潭战争"中攻击对方的武器。此外，由于媒体一直仅仅传达片面的事实，人们根本无法进行合理的讨论。2019年8月23日，媒体报道了檀国大学学生要求查明论文是否造假的新闻：

> 21日，檀国大学天安校区的学生组成的紧急对策委员会在校内体育馆前发表时局宣言："目前，大韩民国教育界正面临巨大危机，教育公正的信念根基也正在动摇。"
>
> ——《首尔新闻》2019年8月23日刊[40]

在新冠疫情还未开始的时候，报道刊载的照片里有五个戴着帽子、墨镜和口罩的人，他们自称是全体学生的代表。他们支起印着以上宣言的横幅，手中举着写有"○○○卸任吧"的纸，○○○就是那篇引起争议的论文的指导教授。令人惊讶的是，就在同一天、同一时间，共有18家媒体报道了此事，报道内容和照片十分相似，看起来几乎是同一人撰写的。

然而，"檀国大学紧急对策委员会"并非正式组织。这五个人拒绝了在场记者出示学生证的要求，坐上等候在一旁的大巴就消失了。这辆大巴上还有极右市民团体示威时经常用到的标语牌。[41]记者向学校和学生会方面确认后发现，这些人都是"无人知晓"的幽灵成员。[42]当一些记者在确认事件的真实性时，另外一些记者却认为真实性并不重要，主动走入了阵营逻辑之战中，大肆渲染曹国在记者招待会上使用日产圆珠笔一事，还制造了其子女在海外乘坐高级轿车的虚假新闻，人们不可能再去相信媒体了。事已至此，讨论已经毫无意义。人们不再关心真相，在争论中获得胜利反而成了最重要的事。

尽管如此

由于阵营逻辑，人们的信息来源被污染了。比"曹

　　　　　　　　　是我的错吗？

国事件"本身更重要的，是它揭示的社会问题。媒体曝光政界人士子女入学考试舞弊，例如伪造奖状，编造实习经历，论文挂名造假等，但经检方细致调查后，却无法定罪，只是让韩国教育的不平等更露骨了。只有这时，名为"只属于这些人的联盟"的潘多拉盒子才会被打开。

家境不错的孩子积累了普通家庭的孩子难以企及的资历和背景，能够比较容易地考上大学和研究生，这并不是什么值得惊讶的事情。家里有钱，孩子就能去上更好的补习班；父母是成功人士，孩子从小就有很多机会去海外旅行，获得更多的社会经验。对于中产家庭来说，这种情况很常见，但对更高阶层的人来说，这只是基础中的基础。

比实习经历造假更令人震惊的是，"曾在大学研究室实习"居然是韩国入学考试的"必要"条件。在韩国的医科大学和医院的研究室里，到处都是为了能在自我介绍书上增加一行实习经验的高中生。[43] 学生是否认真完成了高中课程才应该是大学入学考试该考察的问题，大学不应过度要求高中生具有超乎寻常的能力。更严重的是，普通学生并没有机会获得这些实习经验，光是成为实习生就已经非常困难了，更别提协助研究、发表论文了。

假如父母咬咬牙，是否能帮孩子争取到实习呢？努力上网搜索，在图书馆终日看书查资料，就能获得相关信息吗？实际上，直接询问认识的大学教授才是最快速的解决方法。如果父母本人是大学教授，或者负责管理类似的研究室，情况则更加有利，根本不需要走弯路。这是只有身为大学教授的人才能做到的事。韩国的大学教授之间已经建立起了信息交换和人员交流的渠道，最大限度地利用能够互相提供帮助的领域。这一点也体现在韩国高考中，对大部分学生来说，即使他们尽了最大努力，也无法靠近那个世界。在那个遥不可及的世界里，有些人有条不紊地提升着自己的能力，即使只是一名高中生，也有可能在学术论文上署名。

普通学生如果想进入顶尖大学，高中期间就要成绩优异，初中时期同样需要付出努力。因此，他们从小就要和学习意愿坚定的朋友交往。虽然因个人差异，这种成功法则可能会带来一定负担，但并非毫无根据，很多父母就是在听说某人"就是这样才考上了首尔大学"的故事后受到了激励。在努力和付出的法则中，普通人至少也得到了平等拥有欲望的起码关怀。然而，"上等人联盟"证明了这种想象的无用。但考入"特殊目的高中"[1]或名牌大学并不是结束，而是全新竞争的开始。差距又重新根据"人的等级"出现了天壤之别，而"联盟"仍

1　即韩国的国际高中或外国语高中，也属于韩国的高升学率重点高中，学费高昂。

然十分坚固。即便是贫穷的家庭，也不会轻易放弃对子女的教育。然而，真正的成功人士不只有金钱，他们可以动员高层人脉，人际关系也是一种"金钱"，这种"社会资本"是父母辛苦赚钱、子女刻苦学习的家庭没有的。尽管人外有人，天外有天，但眼睁睁看着别人一路高飞，确实令人感到十分痛苦。

虽然为了避免名校光环效应，在选拔时会隐去高中校名，但首尔大学录取的"随试"成绩前 30 名学生中没有人来自普通高中。[44] 即使学校的名字被隐藏，那些能够进入该校的学生拥有的辉煌人生事迹仍无法被掩盖。忽略大赛获奖记录也不要紧，因为拥有这些经历的学生即使不用资料来证明，面试时也已经展现出截然不同的水平。由于这样的差距看上去是客观能力造成的，人们就没有提出质疑。也就是说，这种能力差异看起来并非由阶层与父母的社会经济地位决定，所以韩国大学现行的盲选制度反而将不平等合理化了，甚至将其进一步扩大了。

"曹国事件"曝光后，首尔大学、延世大学和高丽大学的学生们多次展开示威活动。但据媒体报道，除几所名牌大学以外，几乎没有其他高校的学生参与。无论真相如何，在这些年轻人看来，就读于名牌大学的学生之所以出来示威，是要维护自己的联盟利益。在良好的环境中成长、学习成绩优异的他们，却突然在此时高呼正义,委屈地诉说自己遭受的冷落,那些常有"被剥夺感"的普通大学的年轻人很难对此产生共鸣,就像名牌大学学生的履历中常有领导力训练营和海外志愿服务等活动,但这些机会并不对所有人开放。

名为"公平的不平等"的错觉

"明明直接出生在了三垒,却以为是自己打出了三垒打。"

能力主义是不公平的代表特征之一。家庭的经济能力也是教育竞争力,富裕的家庭可以提供更多的资源和机会给孩子。据说,如果要子女学习好,就必须住在大峙洞或木洞[1],那里的公寓价格实在让人窒息。父母的收入水平越高,子女们就越能得到质量超群、成效良好的私立教育。虽然父母都希望把最好的给孩子,但每个家庭在教育上的投资是不同的,有些家庭可能每月只花费 30 万韩元,而有些家庭可能会投入 300 万韩元,两者达到的效果也不可能相同。不仅如此,父母充实的人际网络也会让子女的人生更加丰富多彩,不同的孩子在度过"充实假期"的标准上也有差异。例如,父母健康

1　皆为首尔著名学区。

　　　　　　　　是我的错吗?

的生活习惯本身就可以成为子女的榜样。好好吃饭，好好休息，即使辛苦也要积极思考的生活习惯使他们建立起自信，相信自己无所不能，且这种自信感不会轻易减弱。父母具备某一专业性职业必需的能力（包括语言能力），在子女的人生中也能产生重大影响。他们的孩子经常抱着好奇的态度、有礼貌地提出问题，而这些习惯总会引起老师的关注。总的来说，山雀和白鹳之间，还是存在很大的差异[1]。

然而，仍然存在更大的问题。虽然我们常说"把自己的成功当运气吧"，但对于那些还没有跑到一垒的人来说，能跑到三垒就已经很幸运了。但三垒选手也会感到不安，即使成功抵达了三垒，也不代表竞争结束。如果击球员打出了无力的内野滚地球或不太远的外野高空球，三垒选手就必须全力奔跑，冒着生命危险完成滑垒动作，同时也要避免与接球员发生碰撞。如果这种情况发生在比赛的第九局，那么跑垒员的表现将决定球队的胜负，如果该选手恰好负伤，所有聚光灯就都会聚集在他身上。在接受媒体采访时，他会说："为了这次机会，我流了很多汗，每天都在不断训练，不怕负伤，所以我抓住了机会！果然，汗水从不会背叛自己。"

---

1 出自韩国谚语"山雀莫追白鹳飞"，意为盲目跟从实力远超自己的人只会得不偿失。

能力主义所包含的矛盾就在这里，选手忘记了自己是如何到达三垒的，只关注自己从三垒跑到本垒需要的能力。为了完成帅气的滑垒动作而变脏的制服反而成为能力的标志，不平等问题就这样湮没了。

主流经济学坚持主张所谓"公平的不平等"会对社会产生更有利的效果。在他们看来，虽然入学考试舞弊就像三垒跑垒员犯规跑回本垒一样，是一起"恶劣的不平等事件"，但只要符合法律规定，根据能力评估，分等级补偿，不公平本身就可以激励某些人，成为一种"良好的"不平等。但事实真的如此吗？激励机制本身就不平等，又如何区分什么是"积极"的不平等，什么是"恶劣"的不平等呢？虽然他们可能会列举"小溪里飞出龙"的例子，声称这个世界还是正义的，但小溪本身就是一种劣势条件。不能说比其他人更顺畅地跑到三垒的人是错的，也不能说以三垒为起点的旅程很容易，我们必须承认，他们也是在付出努力后才最终回到本垒的，但这些都无法掩盖三垒这个起点对他们更"有利"的事实。有些人在跑到三垒时出局，而有些人的制服干干净净，因为他们根本未能参赛和出场，"不够努力"不能成为他们被指责的理由。

在主题为"韩国社会不平等现象"的演讲中，一定会有人提出这个问题——"直接取消资本主义体制不是更快吗？"每当出现这种言论，周围的人就会表示不理解。虽然废除资本主义的主张很激进，但是我们应该认识到，资本主义也只是在几百年前才出现的制度，我们不应该认为坚持资本主义是理所当然的。

哲学家用辩证法解释变化中的世界的本质。"正"是世界本来的状态，"反"是各种规范之间的冲突，"合"则代表新状态的出现。过去很多人认为奴隶制和等级制度是一种正常的自然秩序，但实际上当时的世界也一直处于变化中。毋庸置疑的是，只有不断更新现有的制度、观念，才能带来新的事物和社会形态。因此，我们不该盲目地认为"摧毁资本主义，以其他制度来替代"是不可行的。

如果问我的意见，我的回答不会到此为止。我认为，如果人们能够在资本主义体制内智慧地运用社会主义的特点，而不是无限制地赋予资本权力，就有可能建立一个比现在更好的社会。如果有人问我，这是否真的可行？还是因为暂时没有想到更好的方案？说实话，我无法理直气壮地回答，而恰恰是这一犹豫让我在现实世界里变得更加畏缩。

在韩国社会，尽管大多数人明白资本主义存在问题，但他们仍认为只有资本主义才是改变自身命运的唯一体制。从前企图改变个人命运的野心一直被视作禁忌，但资本主义却让个人持有的"希望"达到了前所未有的高度——它打破地位和身份的限制，带给人们登上金字塔的希望，人们每上升一个台阶，就会产生一种不同的期待。"想象"使一切成为可能，人们在跌倒后重新爬起来，在"明天会有所不同"的期待中忍受痛苦。于是，这种以不平等为前提的资本主义继续毫无阻碍地发展着。

韩国社会对"正义"的理解基于适者生存的法则，对跌倒后没能再次爬起来的人漠不关心。他们认为，每个人的努力程度不同，获得的结果也必然会不同，所谓"正义"并不代表人人都享有同等的权利。资本主义带来的现代公共教育体系也宣扬"公平的不平等"的逻辑，传递"与阶层无关，每个人都可以接受教育，因此每个人的机会都是平等的"的假象，让人们无条件服从考试结果。在现今这个只相信结果的世界中，质疑结果反而成了不公平的表现。"曹国事件"彻底揭示了这一逻辑的复杂性、牢固性和潜在的暴力性。"公平的不平等"不仅仅是资本主义体制带来的一种负面影响，它本身也是一个非常精巧的系统。而我们每天都被这个系统欺骗着。

故事仍未结束，

取消"随试"，扩大"定试"，这样就公平了吗?

电影《寄生虫》(2019)和电视剧《鱿鱼游戏》(2021)都是极具韩国特色的故事，巧妙融入了对资本主义的批判性时代意识，征服了世界观众。《寄生虫》通过山坡上的豪宅和半地下室的结构，将阶层差距以空间化的方式呈现出来；而《鱿鱼游戏》则讲述了一场耗资数百亿韩元的残酷生存游戏。《寄生虫》展现的不平等程度与《鱿鱼游戏》中的竞争残酷程度是成正比的。在不平等结构中，机会就如针眼一般大，而通过针眼的资格越来越严苛，"通行费"也不断上涨。这种复杂性与个人竞争能力之间的关系成正比，个人不可能仅凭自己的能力进行竞争。人类历史上从未有过绝对平等的局势，所以不可能存在"公平的竞争"。

然而，当"复杂的筛选"成为问题，很多人却认为"简单粗暴"是解决问题的最佳手段，例如"100% 高考选拔"的提议。虽然能够理解这种心情，但取消"随试"、扩大"定试"的方案并不能真正减少教育不平等的问题。相反，扩大"定试"会导致"根据高考成绩进行差别对待"更加合理化，进一步创造出无法继续追问不平等的社会。

考试制度无法解决不平等问题。虽然人们认为，扩大高考招生范围，让孩子们将注意力都集中在学习上就可以解决，但在常规招生中更具优势的永远是那些能够充分投资教育的人。这也不意味着应该摧毁考试制度，在社会还存在极明显的上下级分化的情况下，改变考试的形式只是一种片面的解决途径，首要的问题仍是不平等本身。

现在，这里，是我们的结果

我有凌晨起床写作的习惯，并坚持了很长时间。凌晨起床工作的压抑感要轻一些，我已经忘记起初在凌晨三点左右开始工作的那种感性。从前住在首尔时，只要看看窗外便能知道时间在流逝：如果看到公交车，那大概是凌晨四点；如果透过公寓的窗户只看到一两点灯光，那就是六点。但济州乡下的凌晨是一片漆黑，在太阳升起前什么都无法辨认，这种彻底的孤独感有时也会让人感到害怕。于是我养成了一个新习惯，那就是打开新闻听现场直播。听着这些人讲话，我的孤独感也稍稍减少了；同样努力工作的主播，也确实可以为我带来一点安慰。于是我一边听，一边敲打键盘。这样工作的效率很高，让我感觉很不错。但我写这本书的时候，感受却不太一样。

我的习惯是先浏览与主题相关的资料，然后筛选关键词，进行润色和修改。然而，对于需要用批判的态度看待社会问题的我来说，这一过程在情感上是十分难以忍受的。我常常叹气，问自己为什么世界会变成这样。通常这种情绪会持续好几天，我的思维似乎只能沉浸在这个主题中，直到标志着"写到这里就差不多了"的信号到来。此时，在窗外漆黑的风景和可怕的新闻的背景下，绝望感越发强烈。虽然部分原因是我讨厌这个世界，但更多也是源于我对自己的失望。在社会结构的矛盾冲击下，为了生存辛苦挣扎的人们的悲剧不断上演，而我却因为运气好，只需要搬弄一些让文章更易读的小聪明，还在为寻找写作的最佳时间而烦恼，这让我很想躲进老鼠洞里。

在创作这本书的过程中，我经常感到厌恶，因为这个世界常常走在前面嘲弄我。我不得不研读正在建设中的公寓突然倒塌、工人被埋在废墟下死亡的悲剧事件报道，这就是所谓的"公寓共和国"大韩民国的现状；我还读到一篇有关军队封闭文化的论文，论文中提到一位遭受性骚扰的女性空军副士官。她数次向上级报告，军队却没有采取任何措施，茫然无助下她做出了极端的选择，以此将自己的遭遇公之于世。每当看到这样的案件，我只能叹气。而且，在我写作期间，总是会听到总统候选人们的"胡言乱语"，例如"韩国社会没有结构性差别"这种毫无逻辑的话，让我觉得十分屈辱。

为了彻底消除韩国社会的不良文化习惯与风气，需要制定具体策略，采取特殊措施。当我们不断接触社会负面新闻时，诸如"我有必要深陷其中吗""虽然看到这些新闻时会感到愤怒，但我的愤怒不会对事实造成任何改变""虽然这个新闻需要被关注，但它不会给我的日常生活带来影响"的思想会在我们心中慢慢滋生。最后，"负面"新闻沦为一种只会让人暂时感到气愤的燃料。人们先是回避，然后变得麻木，任由不幸继续发生下去。而社会结构这个庞大体系也会强化原有的属性，变得更加可怕。在这种压迫感之下，平凡的人们只能选择先保护自己，"先躲起来再说"成为他们的生活哲学。

我们不能就这样倒下，毕竟这个社会是人创造的，也是人可以改变的。不想面对也要面对，只有这样，改变才有可能会发生。悲剧发生后，我们会感到震惊和惋惜，会追悼受害者，接着就要思考如何防止类似事件再次发生，这个过程需要不断重复。就像人们对交通事故的关注使死亡率不断下降一样，2000年韩国因交通事故死亡的人数为10236人，2021年首次降至3000人以下。因为司机们系上了安全带，在驾驶途中不使用手机，以及在市中心降低了行驶速度。正是得益于人们对不良状况的持续关注和反对，负面数值才有所降低。

只有当人们停止不必要的自我反省，在负面新闻出现时，不再认为自己的反应过于悲观和厌世，悲剧才会渐渐减少。我们应该适当提出问题，并真诚地寻找答案。如果性少数群体遭受歧视是问题，那么提出"为什么有些人要被排除在普遍人之外"就是非常必要的；当贫困阶层的权益得不到保障时，我们也该探究社会福利体系存在的问题。但一定会有人试图用排斥或嘲讽的态度宣称这种行为是不可理解的，认为贫穷不存在于这个时代的韩国。我们不应该动摇，我们应该理直气壮。

我在八年前出版了自己的第一本书，这本书已经是我的第十三本独立作品了。但这本书的每篇文章都令我极为煎熬。除了写作本身的痛苦，更多的折磨来自"写作的意义"是否存在。我一直困惑于批判性地观察社会的文章究竟能否产生任何实际效果，每每遇到这种困境，我都想瘫坐在地上，可读者的鼓励让我坚强起来。当我因过于辛苦在社交媒体上发牢骚时，他们告诉我，"你的写作对于某些人来说是社会变革的希望"，让我意识到写作的力量，也让我能坚持到最后。

不要屈服于我们看到的世界。一定有人会说："现在的世界已经乱成一团了，为什么还要说这些让人沮丧的话呢？"正是这句话让我的心不再涣散。因为我们现在看到的世界，正是由我们造成的；只有我们再次成为变革的原因，社会才会发生改变。

是我的错吗？

注释

[1] 崔贤贞记者，《遇见嘻哈⑨ 防弹少年团 SUGA & 说唱怪物的"好就是好"》，《东亚体育》，2015.7.6.

[2] 姜娜贤记者，《外国媒体也集中报道了雪莉的死亡消息……"韩国网络暴力严重"》，JTBC 新闻，2019.10.15.

[3] 康俊晚，《世界文化的外与内》，人物与思想史出版社，2012.

[4] 姜敏珍记者，《历史上的今天：青年全泰壹"最后的信"》，《韩民族日报》，2017.11.13.

[5] 高恩尚记者，《正式职工的"身价"是非正规职工的 3 倍？……现代身份制度》，MBC 新闻，2019.8.19.

[6] 金薰，《金薰作家的新年专栏：全泰壹和金容钧》，*LIFEIN*，2019.1.2.

[7] 韩国环境保健市民中心，《环境保健市民中心报告书 217 号（2016 年度 -3 号）：加湿器杀菌剂问题的全国舆论调查》，2016.1.17.

[8] 金尚范记者，《加湿器杀菌剂死亡者于"1995 年"首次出现》，《京乡新闻》，2017.3.6.

[9] 金正洙记者，《7 万名肺炎死亡者中可能有 2 万名加湿器杀菌剂受害者》，《韩民族日报》，2016.10.27.

[10] 李德焕，《李德焕的科学世界（553）：化学物

质恐惧症》,《数码时代》, 2016. 5. 17.

[11]　金志焕记者,《7 名 3D 打印机使用教师, 肿瘤·乳腺癌确诊》,《YTN 探索报告记录》, 2021. 12. 8.

[12]　金真理,《"黄祸论"再次出现:新冠疫情时代法国社会对东方人的憎恶》,《国际社会保障评论》, 2020 年秋季号 Vol.15.

[13]　卢载贤记者,《2020 年美国 16 个城市以亚洲人为对象的犯罪激增 149%》,《联合新闻》, 2021. 3. 21.

[14]　朴浩杰、申基范记者,《疫情下的差异……某人的伙食费, 某人减少了旅行》,《国际新闻》, 2022. 1. 2.

[15]　韩国警察厅,《互联网性犯罪特别调查本部运营结果（3.25~12.31）》, 2020.12.30.

[16]　金烷记者,《"Telegram"秘密房间青少年非法性犯罪影像猖獗》,《韩民族日报》, 2019. 11. 10.

[17]　特别采访组,《支配性剥削房间的"博士",忘却现实中的窝囊的假想权利》,《韩民族日报》, 2019. 11. 26.

[18]　沈英九、李尤民和李承宇记者,《通过判决书看"非法拍摄"的大韩民国①:10 名非法拍摄犯罪者中, 9 名归家……国民大步向前, 判决还在原地》, SBS 新闻, 2020. 5. 18.

[19]　金智慧记者,《释放孙正宇……BBC:"性剥削量刑与偷鸡蛋量刑相同"》,《中央日报》, 2020. 7. 7.

[20]　露丝·巴德·金斯伯格，《金斯伯格的歧视定义》(*Decisions and Dissents of Justice Ruth Bader Ginsburg*)，李娜静译，黑鱼出版社，2021.

[21]　金东植、黄正任、东济妍，《关于中断妊娠（堕胎）的女性的认知和经验调查》，2017，韩国女性政策研究院.

[22]　崔宝植记者，《我是女性主义者，但在政坛女性也是竞争对手》，《朝鲜日报》，2007.5.12.

[23]　朴龙弼记者，《教皇方济各：堕胎与"纳粹优生学"没什么不同》，《京乡新闻》，2018.6.17.

[24]　金承燮，《禁止堕胎害死女性》，《韩民族日报21》1134号，2016.10.24.

[25]　文正宇，《Seeland火灾死者家属金顺德归还勋章，"失去了在这片土地上生活的意义"》，《时事周刊》，1999.9.9.

[26]　朴洪斗记者，《青瓦台警备反应过激，警察继续擅自无故盘查》，《京乡新闻》，2014.9.3.

[27]　崔景浩记者，《增加D形环的"世越"号，货物运费增长了30亿》，《中央日报》，2014.6.9.

[28]　郑炳珍，《监狱里的李准石船长，"事故原因？我也很郁闷啊"》，*ohmynews*，2019.4.19.

[29]　高济奎记者，《公开的录音记录……青瓦台："不要干别的事，先传视频"》，《时事IN》357号，2014.7.17.

[30]　朴政浩、李钟浩，《为了"VIP 报告" 东奔西走……"立即传送"世越"号影像"》，*ohmynews*，2014. 7. 3.

[31]　李成旭，《"世越"号惨案报道中出现的舆论的假定性》，《韩国内容学会论文》第 16 卷第 10 号，2016.

[32]　4 · 16 "世越"号惨案市民记录委员会作家记录团，《星期五回来吧：240 天的"世越"号遗属原声记录》，创批出版社，2015.

[33]　帕克 · 帕尔默（Parker J. Palmer），《献给悲痛之人的政治学：为什么民主之心很重要》（*Healing the Heart of Democracy*），金灿浩译，文坛出版社，2012.

[34]　卢贤雄记者，《从全斗焕的朋友到继承人……二把手卢泰愚的一生》，《韩民族日报》， 2021. 10. 26.

[35]　金泰圭记者，《朴槿惠总统"反对修宪"的六项发言》，《韩民族日报》，2016. 10. 24.

[36]　韩光范记者，《朴槿惠任期中 12 亿韩元收入秘诀是？……"国库的私有化"》，*Edaily*，2018. 1. 5.

[37]　MBC 电视台广播节目《孙石熙的视线集中》，2012. 9. 10.

[38]　金正南，《金正南的证言，朴正熙时代③人民革命党重建委员会事件：世界上最严重的司法谋杀，从造假到死刑，都是朴正熙的作品》，《韩民族日报》，2011. 11. 14.

[39]　金钟哲记者，《朴槿惠："追究过去是无止境

的……让我们走向未来吧"》,《韩民族日报》,2012. 8. 20.

[40] 郑玄勇记者,《檀国大学学生们的"时局宣言":"张英杓教授,承担责任辞职吧"》,《首尔新闻》,2019. 8. 23.

[41] 郑钟润记者,《极右团体介入檀国大学学生"时局宣言"?"得到特定政党的帮助"》,《早安忠清》,2019. 8. 25.

[42] 黄载敦记者,《针对曹国的檀国大学"时局宣言",在校生与否争议》,*Daily Truth News24*,2019. 8. 23.

[43] 李炯基,《首尔医科大学教授对曹国女儿的质疑:"明显的资历伪造和夸大事实"》,《中央日报》,2019. 8. 26.

[44] 全亨民记者,《"特目高"横扫"随试"盲选,首尔大学前三十名无一来自普通高中》,《每日经济》,2022. 1. 9.

主　　编丨徐　狗

策划编辑丨徐子淇

责任编辑丨徐子淇　徐　露

营销总监丨闵　婕

营销编辑丨狄洋意　许芸茹

版权联络丨rights@chihpub.com.cn

品牌合作丨zy@chihpub.com.cn

出品方　春山望野（北京）
文化传媒有限公司

Room 216, 2nd Floor, Building 1, Yard 31,
Guangqu Road, Chaoyang, Beijing, China